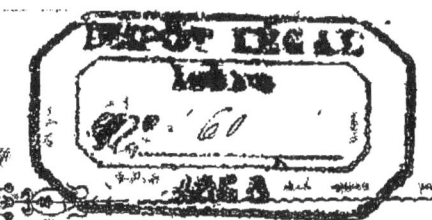

ROSE ET LUCIE

OU

CANDEUR ET DUPLICITÉ

DRAME EN CINQ ACTES

Tiré d'un Récit de Mme de Ste-Marie

À L'USAGE

DES MAISONS D'ÉDUCATION DE JEUNES DEMOISELLES

PAR

M. l'Abbé X....

Prix, le volume rendu franco à domicile :
75 centimes sur joli papier,
et 50 centimes sur papier ordinaire,
pour l'étude des rôles.

GRENOBLE

IMPRIMERIE DE PRUDHOMME, RUE LAFAYETTE, 14

1868

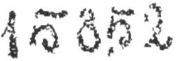

E a' Je voir me r . . . . dor cl .

ROSE ET LUCIE

ou

CANDEUR ET DUPLICITÉ

DRAME EN CINQ ACTES

Tiré d'un Récit de Mme de Ste-Marie

A L'USAGE

DES MAISONS D'ÉDUCATION DE JEUNES DEMOISELLES

PAR

M. l'Abbé X...

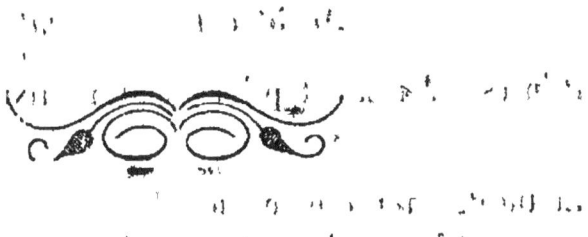

GRENOBLE

IMPRIMERIE DE PRUDHOMME, RUE LAFAYETTE, 14

—

1868

PERSONNAGES:

Mme DE MONFORT, supérieure de l'Etablissement (Pensionnat de demoiselles).

Mlle ANGÈLE, maîtresse de classe.

MM^{lles} ROSE BELMONT,

CONSTANCE D'AUBERVAL,

LUCIE D'ORGEMONT,

GEORGETTE DUFOUR,

CAMILLE ST-ELME,

JOSÉPHINE,

AGLAÉ,

NÉLY.

Pensionnaires.

PENSIONNAIRES en nombre indéfini.

Une DOMESTIQUE.

Au 5e acte paraissent :

Princesse AMÉLIE et princesse ALBERTINE.

Le théâtre représente une classe : bancs, pupître, etc. C'est la classe des grandes pensionnaires.

ROSE ET LUCIE.

ACTE PREMIER.

SCÈNE 1re.

LUCIE, GEORGETTE, CONSTANCE, CAMILLE.

*(Constance console Camille dans un angle du théâtre ;
dans un autre angle, Lucie s'adresse à Georgette.)*

LUCIE.

Où est Constance, Georgette ?

GEORGETTE.

Elle est là ; ne la vois-tu pas ? Il paraît que Camille a fait
une sottise, Constance la console comme à son ordinaire.

LUCIE.

Voyons ce que c'est. Eh bien, Camille, tu as donc encore fait une étourderie ? En vérité, je ne comprends pas
le plaisir que tu trouves à te faire mettre en pénitence.

CAMILLE.

Vraiment, Lucie, tu en parles bien à ton aise : est-ce
que je sais d'avance qu'il plaira à Mlle Angèle de me punir ?

LUCIE.

Tu sais fort bien ce qui est permis ou défendu ; ainsi,
quand tu désobéis, il ne faut pas t'étonner qu'on te gronde.
Qu'as-tu fait cette fois ?

CAMILLE.

J'ai traversé l'allée du milieu pour parler à une élève
de la petite classe, voilà tout. Il a fallu que Mlle Angèle
fût justement sur mes talons, ce qui lui a procuré le
plaisir de me dire que je baiserai trois fois la terre en
rentrant en classe ; mais je ne le ferai pas, je vais écrire à
maman qu'elle vienne me chercher.

CONSTANCE.

Je t'en prie, Camille, ne fais pas une nouvelle sottise,
tu ne tarderais à t'en repentir.

LUCIE.

Je ne l'approuve pas, sans doute, mais il faut avouer
que pour une grande fille de quatorze ans il est fort
ennuyeux de baiser la terre.

GEORGETTE.

Très-ennuyeux.

CAMILLE.

Je ne le ferai pas.

CONSTANCE.

Je t'en prie, Camille.

LUCIE.

Laisse-la! il ne faut pas heurter de front les entêtées.

SCÈNE 2me.

LES MÊMES, Mlle ANGÈLE, JOSÉPHINE, AGLAÉ, AUTRES PENSIONNAIRES.

Mlle ANGÈLE.

Allons, Mesdemoiselles, en classe. Camille, vous savez ce que vous avez à faire, c'est le moment de vous acquitter de votre pénitence.

CAMILLE.

Mademoiselle, je n'embrasse que mes amies; et le pavé n'est pas du nombre. (*Etonnement parmi les élèves.*)

Mlle ANGÈLE.

Camille.....

AGLAÉ.

Voilà Mme de Monfort. (*Toutes les pensionnaires se rangent avec empressement; Camille baise la terre cinq ou six fois sans compter.*)

SCÈNE 3me.

LES MÊMES, Mme DE MONFORT.

Mme DE MONFORT (*après avoir jeté un coup d'œil observateur*).

Mlle Angèle est-elle contente?

Mlle ANGÈLE.

Oui, Madame, et grâce à votre arrivée je n'aurai pas de plaintes à vous faire.

Mme DE MONFORT.

Dites-moi, je vous prie, quelle est aujourd'hui la plus sage de ces demoiselles?

Mlle ANGÈLE.

Je suis contente de plusieurs, mais surtout de Mlles Lucie et Constance : la première se montre toujours très-raisonnable, la seconde est douce et appliquée comme à son ordinaire.

Mme DE MONFORT.

Eh bien, puisqu'il en est ainsi, elles feront les honneurs de la maison à la nouvelle pensionnaire qui va arriver.

Adieu, mes enfants, soyez bonnes et accueillantes pour votre nouvelle compagne. (*Elle sort.*)

SCÈNE 4me.

LES MÊMES, *moins* Mme DE MONFORT.

(*Grande animation. On entoure Mlle Angèle pour savoir des détails sur la nouvelle.*)

CAMILLE.

Une nouvelle !

AGLAÉ.

Une nouvelle !

JOSÉPHINE.

Et dans notre classe, encore !

LUCIE.

Mademoiselle, est-elle d'une famille noble ?

GEORGETTE.

Ses parents sont-ils bien riches ?

CONSTANCE.

Est-elle bonne et pieuse, Mademoiselle ?

CAMILLE.

Comment s'appelle-t-elle ?

NÉLY.

Quel est son âge, est-elle plus grande que moi ?

Mlle ANGÈLE.

Mais, en bonne vérité, comment voulez-vous que je réponde à la fois à un pareil déluge de questions? Je ne sais, du reste, que fort peu de chose sur votre nouvelle compagne. Tout ce que je peux vous dire, c'est qu'elle a quinze ans, qu'elle n'est pas de cette ville et qu'elle paraît appartenir à des parents peu fortunés. (*La plupart font une moue de mépris.*) Maintenant, Mesdemoiselles, vous me paraissez bien disposées à oublier que nous sommes en classe.

UN GRAND NOMBRE.

Oh! Mademoiselle, quelques minutes seulement.

Mlle ANGÈLE.

Allons, je permets de parler; mais n'abusez pas, je reviens à l'instant.

SCÈNE 5me.

LES MÊMES, *moins* Mlle ANGÈLE.

GEORGETTE (*à Lucie et à Constance*).

Je ne vous félicite pas de votre corvée.

LUCIE.

Nous ne sommes pas bien à plaindre, nous parcourrons la maison et le jardin pendant que vous serez en classe. D'ailleurs, vous savez que j'ai l'art d'apprécier bientôt mon monde; donc, si Mademoiselle...... Mademoiselle sans nom, est passable pour l'esprit et les manières, je me ferai un plaisir de lui donner les conseils dont elle peut avoir besoin; si elle n'est qu'une sotte, nous en rirons, et je vous la promets pour vos menus plaisirs.

TOUTES (*excepté Constance*).

Bravo! Bravo!

CONSTANCE (*à part*).

Oh! la méchante! Ma protection est peu de chose, mais toujours elle ne lui manquera pas.

SCÈNE 6me.

LES MÊMES, Mlle ANGÈLE.

Mlle ANGÈLE.

Tout à l'heure je n'ai pas su vous dire le nom de la nouvelle, elle s'appelle Rose Belmont. On la dit remplie de talents.

JOSÉPHINE.

Rose!... quel nom commun!

LUCIE.

En vérité, je ne sais pas comment on peut s'appeler Rose. Ce nom seul prouve le mauvais goût et la vulgaire origine des parents de celle qui le porte.

GEORGETTE.

Il est probable que ce n'est pas une demoiselle.

CAMILLE.

Vous verrez que ce sera un monsieur. (*Rire général.*)

LUCIE.

Viens, Georgette, je n'aime pas les propos déplacés. (*Elles sortent.*)

Mlle ANGÈLE.

Soyez sages, Mesdemoiselles, pas de contrariétés. (*Elle sort.*)

SCÈNE 7me.

LES MÊMES, *moins les trois sortantes*.

CAMILLE.

Je crois que bientôt nous ne pourrons plus rire sans la permission de Mlle d'Orgemont.

CONSTANCE.

Tais-toi, Camille, ne la monte pas ainsi; en serons-nous plus heureuses quand elle nous en voudra?

CAMILLE.

Peut-être que oui, car ses airs pincés m'amusent. Tu avoueras qu'il est permis de se moquer de sa préférence pour Georgette, dont les parents sont fort riches, à la vérité, mais qui n'en a pas plus d'esprit pour cela.

CONSTANCE.

Serais-tu jalouse de leur liaison, Camille?

CAMILLE.

Oh! non, certes, qu'elles s'aiment en paix; je ne voudrais pour amie ni de l'une ni de l'autre. Si j'avais le choix, je sais bien qui je prendrais.

CONSTANCE.

Tu sais que nos maîtresses n'aiment pas ces liaisons particulières qui ne ressemblent en rien à la véritable amitié; elles n'enfantent d'ordinaire que des querelles et des jalousies.

CAMILLE.

Bien, si je choisissais une amie étourdie comme moi; mais toi, Constance, si tu m'aimais un peu, tu parviendrais certainement à me corriger.

JOSÉPHINE.

Voyez Mlle Camille qui voudrait accaparer notre chère Constance.

AGLAÉ.

Oui, nous l'aimons toutes, Constance, elle est toujours bonne, douce et compatissante.

CAMILLE.

Oh! quand vous placerez si bien vos éloges, Mesdemoiselles, j'y applaudirai du cœur et des deux mains.

SCÈNE 8me.

LES MÊMES, GEORGETTE.

GEORGETTE.

Le temps ne vous dure-t-il pas, Mesdemoiselles, de voir arriver cette pauvre Rose Belmont?

AGLAÉ.

En effet, elle se fait bien attendre.

GEORGETTE.

Lucie a été appelée au parloir: comme elle est très-habile, elle nous en donnera sans doute des nouvelles.

JOSÉPHINE.

Précisément, la voilà.

SCÈNE 9me.

LES MÊMES, LUCIE.

GEORGETTE.

Eh bien ! est-elle là ?

AGLAÉ.

L'as-tu vue ?

LUCIE.

Mais non, pas encore. Vous voyez bien d'ailleurs qu'on n'a pas demandé Constance ; ainsi, ce ne pouvait être pour recevoir Mlle Belmont qu'on m'appelait. Mais (*en baissant la voix*), je sais qu'elle est dans la maison.

PLUSIEURS PENSIONNAIRES.

Comment cela ? Comment cela ?

LUCIE.

En revenant du parloir, comme je passais devant l'appartement de Mme la Supérieure, j'entendis qu'on parlait beaucoup. Le cordon de mon soulier s'étant défait juste au moment où je me trouvais contre la porte de Mme de Monfort, je me mis à le rattacher et je compris qu'on disait : « Ma chère enfant, il faut être raisonnable, c'est pour votre bien qu'on vous met ici, et vous verrez que vos compagnes ne se trouvent point à plaindre. » J'entendis alors qu'on pleurait, et Mlle Angèle qui disait : « Allons, Mlle Belmont, un peu de courage ; laissez passer le premier moment, et bientôt vous vous trouverez heureuse avec nous. » « Jamais ! jamais ! » répondit sans barguigner Mlle Rose ; vous voyez qu'elle ne brille pas par la politesse. J'aurais bien voulu savoir ce qu'a répondu Mme de Monfort à ces aimables paroles, mais, ayant entendu venir quelqu'un, je me suis sauvée.

CAMILLE.

D'autant plus que le cordon de ton soulier devait être rattaché, n'est-ce pas, Lucie ?

CONSTANCE (*bas à Camille*).

Laisse-la donc ; pourquoi prends-tu à tâche de t'en faire haïr ?

CAMILLE (*à très-haute voix*).

Parce que je ne l'aime pas.

LUCIE.

C'est de moi que vous parlez, sans doute ! Je voudrais

bien savoir ce que j'ai fait à vous et à Mlle Constance pour me haïr?

CAMILLE.

Tiens, Lucie, ce que tu dis en ce moment suffirait seul pour m'indisposer contre toi. Car, pourquoi confondre Constance avec moi dans cette occasion? Et je te demanderai à mon tour ce qu'elle t'a fait pour que tu l'accuses de te haïr?

CONSTANCE (*entraînant Camille dans l'angle du théâtre*).

Je t'en conjure, Camille, ne cherche pas à l'irriter.

LUCIE (*s'adressant aux autres*).

Vous les voyez, elles ne font qu'un; je n'ai donc pas tort de me plaindre de toutes deux. Aussi, elles n'auront rien de ce que ma tante vient de me donner au parloir. Tenez, Mesdemoiselles, partagez-vous ces bonbons. (*Elle remet à Georgette un cornet de bonbons. Pendant qu'elles se le partagent, Lucie s'approche adroitement du pupitre de Constance et s'empare d'un cahier qu'elle cache dans sa poche; et s'approchant du devant du théâtre, elle dit à part*) : Au moins, Constance ne verra pas la nouvelle avant moi, car j'ai son analyse dans ma poche.

SCÈNE 10e.

LES MÊMES, Mlle ANGÈLE.

Mlle ANGÈLE.

Allons, Mesdemoiselles, vos analyses. (*Les élèves courent à leurs cahiers.*)

CAMILLE (*avec confusion*).

Mademoiselle, j'ai oublié de faire la mienne.

Mlle ANGÈLE.

C'est par trop souvent, Camille, que vous êtes en faute; vous n'aurez plus de récréations jusqu'à ce que votre analyse soit faite. Et la vôtre, Constance?

CONSTANCE.

Je l'ai faite, Mademoiselle; mais je ne trouve pas mon cahier. Il n'y a qu'un instant que je l'avais là sur mon pupitre.

Mlle ANGÈLE.

Si vous l'aviez rangé, vous le retrouveriez. Cherchez bien; car, jusqu'à ce que j'aie vu votre analyse, vous serez en pénitence; et si, pendant ce temps-là, vous êtes appelée au parloir, vous serez privée d'y aller. (*Constance cherche en vain; elle s'assied découragée, la tête dans ses mains.)* Vous ne cherchez plus, Constance?

CONSTANCE.

J'ai fouillé partout; impossible de trouver ce malheureux cahier. Peut-être que quelqu'une de ces demoiselles l'aura pris par distraction. *(On cherche dans tous les pupitres, on ne trouve rien.)*

SCÈNE 11e.

LES MÊMES, UNE DOMESTIQUE.

LA DOMESTIQUE.

On demande au parloir MMlles Lucie d'Orgemont et Constance d'Auberval.

Mlle ANGÈLE.

Allez-y seule, Lucie; Constance vous suivra quand elle aura trouvé son cahier.

LUCIE.

Oh! Mademoiselle, pardonnez-lui; elle rangera mieux ses affaires une autre fois.

Mlle ANGÈLE *(d'un air affligé)*.

Impossible. Mesdemoiselles, en attendant que je parcoure vos analyses, je vous permets un tour de jardin. *(Toutes sortent, excepté Mlle Angèle, Constance, et Camille qui travaille à son analyse.)*

SCÈNE 12e.

Mlle ANGÈLE, CONSTANCE, CAMILLE *(écrivant)*.

Mlle ANGÈLE.

(Elle s'approche avec affection de Constance).

Vous me trouvez bien sévère, mon enfant, n'est-ce pas? C'est que je tremble de vous voir perdre les bonnes qualités que je me plais à reconnaître en vous. Songez-y, mon enfant, nos vertus dépendent souvent de nos liaisons, et vous voyez que la vôtre avec Camille porte déjà son fruit. Mlle St-Elme a de la franchise, beaucoup d'intelligence; mais elle manque de docilité et d'application. Ce serait un véritable chagrin pour moi de vous voir l'imiter. *(Elle lui tend la main que baise Constance, et elle sort.)*

SCÈNE 13e.

CONSTANCE, CAMILLE *(absorbée dans son travail)*.

CONSTANCE *(les larmes aux yeux)*.

"On m'accuse d'aimer Camille, et pourtant je n'ai point d'amie! Ah! si j'en avais une, mais bien véritable, il mé semble que je ne l'aimerais que pour devenir meilleure et pour nous exciter mutuellement à bien faire. Mais, malgré les bonnes qualités de mes compagnes, non, il n'y en a point que je puisse aimer ainsi. J'avais compté sur Rose.... Rose! Il me semble que j'aime déjà ce nom, et que mon cœur appelle celle qui le porte. Je me réjouissais tant de la voir....; à présent, Lucie va s'en emparer; elle la préviendra peut-être contre moi. Oh! mon Dieu! (*en joignant les mains,*) vous m'avez ôté ma mère que j'aimais tant! Mon père est à l'armée, sans cesse exposé à périr; je suis bien seule sur la terre. Eh bien, mon Dieu, si Rose est vertueuse et sensible, faites qu'elle m'aime, que nous nous aimions pour, vous louer dans toutes nos actions. Je vous en remercierai tous les jours de ma vie. (*Elle s'assied dans l'attitude d'une douleur calme et résignée. Camille, pendant ces deux scènes, ne lève pas les yeux et continue son analyse.*)

(*La toile tombe.*)

FIN DU PREMIER ACTE.

ACTE DEUXIÈME.
SCÈNE 1re.
ROSE, LUCIE.

ROSE.

Je vous remercie de votre obligeance, Mademoiselle; maintenant que j'ai parcouru la maison et les jardins; que j'ai visité la chapelle, ce dont j'avais grand besoin, car, depuis longtemps j'ai reconnu qu'il n'y a que la prière qui console, je désirerais entrer en étude.

LUCIE.

Déjà! Croyez-moi, rien n'est plus insipide que ce moment d'introduction où trente pensionnaires fixent les yeux sur vous.

ROSE.

Cela ne m'effraie nullement; aussi, je vous prie de vouloir bien me présenter tout de suite.

LUCIE (*déceptionnée*).

Je ne sais pas si cela ne contrariera pas notre maîtresse; permettez-moi d'aller m'assurer de ses intentions. (*Elle sort.*)

SCÈNE 2e.

ROSE (seule).

(*A côté du siège qu'elle prend, elle aperçoit un cahier qu'elle ramasse.*)

Constance d'Auberval ! C'est un cahier de devoir, il n'y a pas d'indiscrétion à le feuilleter.... Oh ! la belle écriture !... Comme les lignes sont droites et également espacées ! Le style est bon. Il paraît que cette jeune personne est intelligente et soigneuse. Je veux lui rendre son cahier moi-même, ce sera un commencement de connaissance.... Mais, voilà qui est singulier : « Rose, je t'attends !... Rose, pourquoi ne viens-tu pas ?.... Rose, m'aimeras-tu ?.... Ah ! Rose, ne trompe pas mon espoir !... » Serait-ce pour moi que ces lignes ont été écrites ? Il me tarde de voir cette Constance. Constance !... c'est un nom de bien bon augure ! (*Voyant revenir Lucie, elle se hâte de mettre le cahier dans son sac.*)

SCÈNE 3e.

ROSE, LUCIE.

LUCIE.

L'étude est sur le point de finir ; dans quelques instants les élèves viendront faire votre connaissance ; ce sera plus aisé en récréation.

ROSE.

Eh bien, en attendant, parlez-moi de vos compagnes ; sont-elles aimables ?

LUCIE.

Pas toutes, Mademoiselle, et il ne faut pas vous attendre à trouver ici votre pareille.

ROSE.

Ah ! vous me flattez ! On flatte donc partout ?

LUCIE.

Il suffit de vous voir, Mademoiselle, pour être aussitôt tenté de dire des vérités agréables.

ROSE.

Que pensez-vous de Mlle Constance ?

LUCIE.

Vous avez donc retenu son nom quand on a demandé pourquoi elle n'était pas venue avec moi ? C'est une bonne enfant ; mais elle est légère ; et elle a pour amie intime, en ce moment, la plus franche étourdie de la classe, Mlle Camille St-Elme.

ROSE (*en soupirant*).

Ainsi, Constance est légère; elle change donc souvent d'affection ?

LUCIE.

Elle n'est pas capable d'en éprouver de profondes; c'est pourquoi elle voltige sans cesse sans pouvoir se fixer.

ROSE.

C'est bon à savoir, je me garderai bien de l'aimer.

LUCIE.

Elle vous plaira cependant beaucoup, j'en suis sûre; car elle est pleine de séduction.

ROSE.

Et vous, Mademoiselle, avez-vous une amie ?

LUCIE.

Je n'ai pas formé d'attachement; il est si difficile de s'assortir quand on est aimante et sensible. J'aime toutes ces demoiselles par devoir, et si j'ai une petite préférence, c'est en faveur de Georgette Dufour, qui m'aime de tout son cœur; mais si je rencontrais parmi mes compagnes un cœur qui répondît au mien, combien je me trouverais heureuse de contracter une de ces amitiés durables qui ne finissent qu'avec la vie !

ROSE.

C'est aussi là mon ambition. J'ai vécu jusqu'à ce jour sans aucune relation avec les personnes de mon âge, et je vous avouerai que si je me suis décidée à venir dans cette maison, c'est dans l'espoir d'y trouver un trésor, c'est-à-dire, une véritable amie.

LUCIE.

Cette disposition vous fait honneur, Mademoiselle; mais qu'il est dangereux de livrer son affection et sa confiance à une indigne! Si j'osais, comme votre aînée, vous donner un conseil, ce serait celui de vous tenir sur vos gardes..... car..... (*avec une sensibilité affectée*), je frémis en voyant les tromperies et les trahisons qui résultent de l'amitié. Je puis en parler, puisque j'ai eu le malheur de faire moi-même des ingrates.

ROSE.

Vous m'effrayez ! Ainsi, parmi des personnes de votre âge, qui, vivant loin du monde, devraient avoir encore la candeur et la simplicité de l'enfance, il se trouve des cœurs doubles, des caractères faux! Je ne m'en serais pas douté. Servez-moi de guide, je vous en prie. Et puisque vous êtes plus âgée que moi et que vous avez déjà souffert, veuillez m'éclairer de votre expérience.

LUCIE.

Soyez sûre, Mademoiselle, que je n'y manquerai pas. Déjà vous avez pris mon cœur d'assaut. Je vous protégerai comme ma meilleure amie. (A part.) C'est une rivale bien à craindre avec son nez fin et son sang-froid, malgré sa robe à trente sous l'aune. Mais, pourvu que je conserve sa confiance, mes conseils l'empêcheront bien d'être dangereuse et de m'effacer dans l'esprit des maîtresses. Évitons surtout qu'elle se rapproche de Constance. (Pendant l'à-parte, les élèves arrivent en ordre sur le théâtre.)

SCÈNE 4e.

LES MÊMES, Mlle ANGÈLE, TOUTES LES ÉLÈVES DE LA GRAND' CLASSE.

Mlle ANGÈLE.

Bonjour, Mademoiselle Belmont; je profite de la récréation pour vous amener vos compagnes qui sont toutes désireuses de faire votre connaissance.

ROSE (saluant avec grâce toutes ses compagnes.)

Je vous remercie, Mesdemoiselles; de mon côté, je n'avais pas un moindre désir de vous être présentée.

AGLAÉ.

Qu'elle est jolie!

JOSÉPHINE.

Comme elle se présente bien!

GEORGETTE.

Quelle vilaine robe!

LUCIE (à Georgette).

Chut!

(Pendant ces dernières réflexions, auxquelles elle ne paraît faire attention, Rose cherche à deviner laquelle de ces demoiselles est Constance. Apercevant dans un coin une jeune fille aux cheveux blonds, à la physionomie douce, dont les yeux, encore gonflés de pleurs récemment répandus, s'attachaient sur elle avec un affectueux intérêt, elle s'approche d'elle.)

ROSE (à mi-voix).

C'est elle. (Haut.) Mademoiselle, n'avez-vous pas égaré un de vos cahiers?

CONSTANCE (avec bonheur).

Oui, j'ai perdu mon analyse; c'est ce qui m'a privée du plaisir de vous voir plus tôt.

ROSE.

Et c'est ce qui me procure l'avantage de vous parler tout de suite. (Rose sort de son sac le cahier qu'elle présente à Constance. Celle-ci le reçoit sans répondre, tant elle éprouve d'étonnement.) Je vous avoue, Mademoiselle, (avec un délicieux sourire) que je l'ai feuilleté.

CONSTANCE.

Vous l'avez feuilleté !.... Ainsi, vous avez vu que je vous désirais !....

ROSE (avec émotion.)

Il est donc vrai que vous pensiez à moi avant que de me connaître? Eh bien, Constance, méritez votre nom, et vous aurez en moi une véritable amie.

SCÈNE 5e.

LES MÊMES, Mme DE MONFORT.

Mme DE MONFORT.

Je viens interrompre un instant votre récréation, mes enfants ; mais j'ai une grande nouvelle à vous apprendre : le prince Charles de St-Paul vient habiter pour quelque temps le magnifique château qu'il possède dans nos environs. Hier, Son Altesse nous fit l'honneur de nous visiter. Si le prince s'intéresse à une maison consacrée à l'éducation des jeunes demoiselles, c'est qu'il a lui-même une fille de votre âge qui, élevée dans la retraite et possédant de précieuses qualités, fait les délices de sa famille. Le prince désire lui choisir dans notre maison une compagne qui, par sa piété, sa douceur et son aimable caractère, sache conquérir l'affection de la princesse. Il a daigné nous dire qu'il s'en rapportait à nous sur un sujet si délicat. Maintenant, mes chères enfants, notre choix dépend de vous. Sachez que celle qui sera restée sans reproche pendant les trois mois d'épreuve que le prince nous accorde, sera celle que je choisirai, si ses parents y consentent, bien entendu. Ainsi, Lucie, Georgette, Constance, Rose et à peu près toute la grand classe, votre âge vous met naturellement sur les rangs. Redoublez donc d'application, mes enfants, et chacune de vous aura gagné quelque chose à concourir pour un si noble prix.

(Elle sort.)

SCÈNE 6e.

LES MÊMES, MOINS Mme DE MONFORT.

(A peine Mme de Montfort est elle sortie que, toutes entourent Mlle Angèle et l'accablent de diverses questions.)

PLUSIEURS PENSIONNAIRES.

Comment se nomme la princesse?

Mlle ANGÈLE.

Elle se nomme Albertine. Mais, reculez-vous un peu, car je ne respire plus.

CAMILLE.

Quand je pense qu'il faut être irréprochable!

Mlle ANGÈLE.

Ou du moins la plus irréprochable; car il faudra bien faire la part de la pauvre nature humaine.

JOSÉPHINE.

Mademoiselle, racontez-nous donc l'histoire de la princesse Albertine.

Mlle ANGÈLE, *(souriant.)*

Aucun historien, que je sache, n'a encore employé ses loisirs à ce que vous me demandez. Tout ce que je puis vous dire, c'est que la princesse, ayant perdu sa mère dès ses premières années, a été élevée loin du monde où il lui serait assez difficile de vivre, car elle a une candeur et une sincérité telles, que ces qualités, poussées à l'excès, pourraient lui nuire plus tard et lui faire des ennemis.

LUCIE.

Pauvre princesse! Ainsi elle ne sait pas jouer son rôle. Il lui faut une amie à qui elle dira la vérité tant qu'elle voudra, et qui lui apprendra à ne la présenter aux autres qu'avec ménagement et à propos.

Mlle ANGÈLE.

Vous avez parfaitement saisi l'intention du prince.

GEORGETTE.

Moi aussi je comprends cela; je saurais bien, tout comme une autre, dire à la princesse qu'il ne faut pas cracher au nez des gens tout ce qu'on pense d'eux.

Mlle ANGÈLE.

Vous avez des façons de vous exprimer peu en rapport avec votre ambition, Mademoiselle; la première condition pour approcher des princes, est au moins de rendre ses idées d'une manière gracieuse et polie.

GEORGETTE.

Oh ! moi, je ne prends point de détours; j'y vais à la bonne franquette.

Mlle ANGÈLE.

Encore ! vous ne voulez donc rien apprendre, Georgette, pas même à parler ?—Et vous, Constance, quelle est votre opinion sur les rapports que vous pourriez avoir avec la princesse?

CONSTANCE.

Oh ! Mademoiselle, je ne désire pas l'approcher; que ferais-je dans le grand monde? Si on a tant de peine à trouver, en pension, parmi ses égales, une véritable amie, comment se flatter de la trouver dans une princesse?

ROSE.

Savez-vous que c'est une épigramme que vous faites-là? Si la princesse le savait, elle aurait lieu de vous en vouloir.

CAMILLE.

Qu'elle m'en veuille donc aussi, car je suis du même avis.

LUCIE.

En voilà deux qui hésitent; moi je sens mon insuffisance, ce qui me fait balancer aussi. Quelles sont donc les concurrentes courageuses? D'abord, Georgette.

GEORGETTE.

Moi, je ne suis pas noble comme toi, Lucie; mais mon père est joliment riche. Or, j'ai entendu dire que les princes aimaient l'argent : ainsi, inscrivez-moi.

LUCIE.

Fort bien. (Elle prend un crayon et inscrit Georgette, avec le n°1.) A vous, Rose, maintenant.

ROSE (vivement).

Non, non; je n'aime point assez les princesses pour cela. (Murmure improbateur.)

Mlle ANGÈLE.

Pourquoi vous exprimez-vous ainsi, Rose, et que voulez-vous dire?

ROSE (après avoir réfléchi un instant).

J'ai parlé tout à fait d'instinct, Mademoiselle; mais en réfléchissant sur ma pensée, je crois qu'elle est en rapport avec l'opinion de Mlle Constance : que les princesses, en général, ne connaissent pas l'amitié.

CONSTANCE.

Oh ! non; elles sont assez à plaindre de ne jamais savoir si elles sont aimées pour elles-mêmes. Voilà encore ce qui m'effraierait, si j'avais à vivre avec la princesse : si je ne l'aimais pas, il me serait impossible de feindre ; si je l'aimais, l'idée qu'elle pourrait douter de mon affection ferait le tourment de ma vie. (*Mlle Angèle sort.*)

SCÈNE 7e.

LES MÊMES, MOINS Mlle ANGÈLE.

GEORGETTE.

Que tu es bonasse d'aller comme cela chercher midi à quatorze heures. Avec tes idées embrouillées, tu seras toujours Mlle Constance d'Auberval, voilà tout. Tandis que moi, quand la princesse se mariera, elle me fera épouser un baron ou un comte de sa Cour, et je me trouverai la comtesse de....

CAMILLE.

La Nigauderie. (*Rires.*)

LUCIE.

Il vous est libre, Mesdemoiselles, de vous mettre modestement de côté; mais il ne vous appartient pas de vous moquer de celles qui s'efforcent de remplir les intentions de Mme de Monfort.

CAMILLE.

Je ne dois pas me moquer extérieurement, n'est-ce pas, Lucie, c'est ce que tu veux dire ? Ta pensée n'est pas toujours d'accord avec tes paroles.

LUCIE.

Georgette, laissons-la avec ses méchancetés. (*Elles sortent d'un côté du théâtre. Camille sort de l'autre côté; les autres pensionnaires la suivent, moins Rose et Constance.*)

SCÈNE 8e.

ROSE ET CONSTANCE.

ROSE (*s'approchant de Constance qui écrit*).

Je vous dérange, peut-être?

CONSTANCE.

Oh ! non.

ROSE.

Vous écrivez, cependant?

CONSTANCE.

Oui, j'écris à mon père pour lui rendre compte de la communication de Mme de Monfort.

ROSE.

Quel grade a votre père?

CONSTANCE.

Il est colonel; et je puis dire que son avancement n'est bien dû qu'à son mérite, car il est plein d'honneur et n'a jamais eu d'ambition.

ROSE (*en souriant*).

Peut-être en aura-t-il pour vous?

CONSTANCE.

Je ne le crois pas, car mon bonheur est sa plus chère envie; je suis donc sûre qu'il me permettra toujours de consulter mon inclination.

ROSE.

Vous vous trouvez heureuse ici, sans doute, puisque vous voulez, dans cette circonstance, vous tenir à l'écart?

CONSTANCE.

Oh! très-heureuse! J'aime tant Mme de Monfort, toutes nos maîtresses et surtout Mlle Angèle!

ROSE.

Et vous avez aussi dans Camille une amie que vous chérissez....

CONSTANCE.

Ainsi, vous croyez cela?

SCÈNE 9e.

CONSTANCE, ROSE, LUCIE.

LUCIE. (*Elle crie de loin.*)

Rose! Rose!

CONSTANCE.

Allez, allez; car vous avez dans Lucie une amie que vous chérissez.

ROSE.

Ah! tu crois cela, Constance? Eh bien, je crois que tu es dans l'erreur à ton tour. Ainsi que la princesse Albertine, je cherche une amie, et peut-être aurai-je comme elle le chagrin de n'en point trouver.

(*La toile tombe.*)

FIN DU DEUXIÈME ACTE.

ACTE TROISIÈME.
SCÈNE 1re.

Mme DE MONFORT, Mlle ANGÈLE.

Mme DE MONFORT.

Eh bien, que dites-vous de nos enfants, Angèle? En êtes-vous contente?

Mlle ANGÈLE.

Elles sont toujours plus sages et plus appliquées. Vraiment, je voudrais avoir une princesse à donner à chacune.

Mme DE MONFORT (souriant).

Je ne m'engage pas à satisfaire ce désir de votre bon cœur.

Mlle ANGÈLE.

Constance est toujours irréprochable, vous le savez, Madame; Lucie n'est jamais surprise en faute; Georgette ne se dégrossit guère, mais elle y met de la bonne volonté; Camille a fait des progrès inouïs; j'en suis d'autant plus aise que, malgré ses espiègleries et sa légèreté, elle a une nature droite et surtout une franchise à toute épreuve; mais Rose excite chaque jour davantage mon admiration. A chaque instant on découvre en elle quelque nouveau talent, quelque qualité nouvelle. Ses compagnes ont cherché à la sonder adroitement sur la grammaire, l'histoire, la géographie et autre sujet; la conclusion a été qu'aucune d'entre elles ne pouvait lui être égalée, pas même ma chère Constance. Elle parle très-bien l'anglais et l'italien; elle connaît la musique et le dessin....

Mme DE MONFORT (l'interrompant).

Et tout cela est couronné par une foi vive et une piété d'ange. Je vous en félicite, Mademoiselle; je vois que Rose est votre préférée.

Mlle ANGÈLE.

Mais non, Madame, j'ai même quelque regret de la trouver si parfaite; ou du moins qu'elle nous soit arrivée en ce moment.

Mme DE MONFORT.

Pourquoi donc, Mademoiselle, êtes-vous fâchée d'avoir cette charmante enfant?

Mlle ANGÈLE.

Je vous avouerai ma faiblesse, Madame; c'est que j'aurais voulu que Constance eût été choisie pour compagne de la princesse ; car, enfin, Constance est comme notre enfant, nous l'avons entièrement élevée, et si elle n'est pas aussi brillante que Rose, elle est du moins son égale par les qualités essentielles.

Mme DE MONFORT.

Angèle ! Angèle ! vous laissez donc entrer dans votre cœur des sentiments de vanité ! Mais il n'est pas dit que Rose l'emporte ; d'ailleurs, qui sait si, d'ici à la fin de l'épreuve, elle ne fera pas quelque faute, ne fût-ce que pour vous faire plaisir?

Mlle ANGÈLE (souriant).

Oh ! Madame, ce remède serait pire que le mal. Je souffrirais trop, s'il fallait que Rose perdît de son mérite à mes yeux.

Mme DE MONFORT.

Voilà ce que je voulais vous faire dire. Vous voyez bien que cette nouvelle venue est déjà prête à supplanter sa compagne dans votre cœur. Pour moi, je suis plus fidèle à mes vieilles amitiés, et Constance, l'honneur de notre maison, est toujours ma fille chérie.

Mlle ANGÈLE.

Que je suis heureuse, Madame, de vous entendre parler ainsi ! Car cette pauvre enfant, qui vit loin d'un père dont la vie est sans cesse exposée, a bien besoin de notre affection.

Mme DE MONFORT.

La mienne ne lui fera jamais défaut.

SCÈNE 2e.
LES MÊMES, UNE DOMESTIQUE.
LA DOMESTIQUE.

Madame, voilà une lettre pressée. (Elle sort.)

Mme DE MONFORT. (Elle lit.)

Oh! mon Dieu ; pauvre Constance! Angèle, dites à cette chère enfant que je la demande. Quel coup pour son âme sensible ! Son père est grièvement blessé ; il veut que sa fille le sache, afin qu'elle prie pour lui.

SCÈNE 3e.
Mme DE MONFORT, Mlle ANGÈLE, CONSTANCE.
Mme DE MONFORT.

Approchez, mon enfant.... Je vous ai fait appeler pour vous parler de votre père ; je viens de recevoir de ses nouvelles.

CONSTANCE (*avec inquiétude*).

Il se porte bien, n'est-ce pas, Madame ?

Mme DE MONFORT.

J'espère qu'il va mieux maintenant. Un de ses amis m'écrit qu'il est malade et qu'il désire qu'on vous l'apprenne, afin que vous priiez pour sa prompte guérison.

CONSTANCE (*avec terreur*).

Oh ! Madame, est-ce qu'il y a eu une bataille ?

Mme DE MONFORT.

Oui, mon enfant!

CONSTANCE.

Et il est blessé ! dangereusement blessé ! (*Elle se jette à genoux, tire un crucifix de son sein.*) Mon Dieu! mon Dieu ! conservez-moi mon père!' Oh ! mon père ! mon cher père ! que je vous revoie encore ! Grâce ! mon Dieu ! (*Mme de Monfort et Mlle Angèle s'agenouillent aussi et prient. Quand elles se relèvent, Constance se relève avec elles. Elle frémit tout à coup, et, serrant convulsivement les mains de Mme de Monfort et la regardant fixement :*) Il vit, pourtant, Madame; n'est-ce pas, mon père vit ?

Mme DE MONFORT.

Oui, ma chère enfant, il vit, et j'ai toute confiance que le Seigneur vous le conservera. Comme vous l'avez deviné, votre père a été grièvement blessé; mais on espère le sauver; et c'est lui-même qui a demandé qu'on vous écrivît.

CONSTANCE.

Ah ! nuit et jour je vais prier maintenant, et je ne serai plus distraite. (*Elle se met à genoux devant la supérieure.*) Madame, je dois vous faire un aveu : Dieu me punit de ce que je ne pensais pas assez à lui; depuis quelque temps, j'étais toujours distraite en lui parlant, et mon cœur, au lieu d'être à ce que je lui disais, était tout occupé de la créature.

Mme DE MONFORT.

Quel était donc l'objet de vos distractions, mon enfant?

CONSTANCE.

Ah ! Madame, c'est Rose. Depuis qu'elle est ici, je l'aime tant, que souvent j'oubliais Dieu pour elle. Oh ! je suis bien coupable !

Mme DE MONFORT.

Elle vous aime donc beaucoup ?

CONSTANCE.

Hélas! Madame, elle n'a pas seulement une pensée pour moi; et voilà précisément ce qui me faisait tant souffrir; mais, à présent, je veux l'oublier; et j'offrirai ce sacrifice à Dieu en demandant la guérison de mon père.

Mme DE MONFORT.

Il vous l'accordera, je l'espère. Reposez-vous quelques instants sur cette bergère. Tout à l'heure, on vous conduira à l'infirmerie où vous resterez quelques jours pour vous remettre un peu. De la résignation, Constance; je ne tarderai pas à vous faire une petite visite.

SCÈNE 4e.

Mlle ANGÈLE, CONSTANCE.

CONSTANCE (à demi couchée sur un lit de repos, se met à prier avec une telle expression de ferveur que Mlle Angèle, dans son émotion, imite ses gestes, élève comme elle ses mains vers le ciel, et prononce les mêmes paroles sans s'en apercevoir.)

Oh! mon Dieu! pardon, miséricorde, mon Dieu! Sauvez mon père! O Marie! secours des chrétiens, salut des malades, consolatrice des affligés; Marie, ma bonne mère, priez pour mon père.

SCÈNE 5me.

LES PRÉCÉDENTES, Mme DE MONFORT, ROSE.

Mme DE MONFORT (tenant Rose par la main; dès que Constance aperçoit Rose, elle voile ses yeux comme pour se dérober à la vue d'un objet dangereux. Rose l'enlace dans ses bras et la baise à plusieurs reprises).

La voilà, cette ennemie de votre repos, Constance. Quand elle a su que vous étiez dans la douleur, elle a voulu venir vous consoler. Ainsi, je vous l'amène, et s'il lui arrive encore de vous donner des distractions dans vos prières, vous me le direz, et nous la renverrons de la pension. Allons, mes enfants, je vous laisse ensemble; que le Seigneur soit avec vous.

SCÈNE 6me.

Mlle ANGÈLE, CONSTANCE, ROSE.

CONSTANCE (fixant sa compagne et d'un accent pénétrant):

M'aimes-tu vraiment? ou bien est-ce seulement par compassion que.....

ROSE.

Je t'aime, Constance (l'embrassant encore), oui, je

t'aime, je le sens, depuis le premier jour où je t'ai vue. Pardonne-moi si j'ai craint de me livrer plus tôt, je te croyais légère.

CONSTANCE.

Moi?

ROSE.

Oui, toi. Mais ne pensons plus à cela, je t'aime, je te le répète, et je compte bien te le dire toujours.

CONSTANCE.

O mon Dieu! pourquoi ce bonheur m'arrive-t-il à présent? S'il allait m'empêcher d'obtenir ce que je vous demande. Mais je ne l'ai pas cherché, je ne le voulais plus, vous le savez, mon Dieu! Rose, mon pauvre père!... tu sais, il est blessé!... (*Elle fond en larmes*).

ROSE.

Si je suis venue ici, mon amie, c'est pour pleurer, c'est pour prier avec toi. Commençons d'abord par offrir au Seigneur les prémices de notre amitié. Demandons-lui qu'elle soit pure et selon son cœur. Après cela, nous prierons pour ton père avec tant de confiance, que nous serons infailliblement exaucées.

Mlle ANGÈLE.

Mesdemoiselles, j'entends vos compagnes qui s'approchent, et Constance n'est pas encore en état de paraître au milieu d'elles. Venez à l'infirmerie, où vous serez plus tranquilles et où Constance se reposera mieux. (*Elles sortent d'un côté du théâtre, tandis que Lucie et autres entrent d'un autre côté.*)

SCÈNE 7me.

LUCIE, GEORGETTE, CAMILLE, AGLAÉ, JOSÉPHINE, NÉLY, LTC.

LUCIE.

Laissez-moi donc tranquille, Mesdemoiselles. Comment voulez-vous que je vous dise ce qu'on voulait à Constance, puisque je ne l'ai rencontrée qu'au moment où Mme de Monfort la faisait appeler?

JOSÉPHINE.

Oui, mais tu es si fine, tu devines si bien ordinairement, que tu pourrais bien au moins nous dire ce que tu penses.

LUCIE.

Je ne pense rien du tout, et je vous prie de me laisser. Viens, Georgette, j'ai quelque chose à te dire. (*Lucie emmène sa confidente à un angle du théâtre.*)

JOSÉPHINE *(en s'en allant).*

Qu'elle est maussade, aujourd'hui! *(Les autres la suivent.)*

SCÈNE 8me.
LUCIE, GEORGETTE.

LUCIE.

J'ai bien le temps de m'amuser à faire des conjectures quand je suis toute bouleversée par la découverte d'un fait très-véritable! Tiens, lis, Georgette, cet article de journal.

GEORGETTE *(lisant).*

« La police est à la recherche d'un aventurier italien nommé Belmonte qui, après avoir dupé à Londres plusieurs personnes de la plus haute distinction, s'est enfui, emmenant avec lui sa fille et sa mère. Cette dernière est soupçonnée de complicité dans ses escroqueries. » Hé bien, qu'est-ce que cela veut dire?

LUCIE.

Tu ne comprends pas, après tout ce que tu sais comme moi de celle que tu as si bien appelée *l'Illustre*, de la grand'mère qui se cache, du père dont on ne parle pas, etc.? Tu vois bien qu'ils ont francisé leur nom; de *Belmonte* ils ont fait *Belmont*, ce qui n'est pas bien malin, mais cela aide toujours à dérouter les simples, et si l'on est découvert, cela ne compromet pas comme un faux nom. Moi, j'ai deviné cela tout de suite, et tu as trop d'esprit pour n'en être pas frappée.

GEORGETTE.

Alors, tu veux donc conclure que *l'Illustre* est la fille d'un aventurier?

LUCIE.

Tu le vois bien. *(Feignant la pitié.)* Pauvre Rose, que je la plains! si belle, si remplie de talents, que deviendra-t-elle dans la suite?

GEORGETTE.

Ma foi, ce qu'elle pourra. Et je ne suis plus étonnée qu'elle m'ait déplu de prime abord, malgré son nez grec et toutes ses perfections. Je sentais dans tout cela une odeur de charlatan qui me faisait mal au cœur; car, telle que tu me vois, Lucie, je ne suis pas de celles qu'on attrape tous les jours.

LUCIE.

Tu as raison, Georgette, et sous ton air de bonhomie

je suis étonnée, de trouver de la finesse; tu as d'ailleurs un jugement parfait. Mais ne parlons pas de tout cela, je t'en prie, de peur de faire du tort à cette pauvre Rose qui est peut-être bien innocente.

GEORGETTE.

Peut-être! tu es bonne, ma chère amie, avec ton peut-être, et moi je te dirai que l'*Illustre* entend malice à tout.

LUCIE.

Je n'ose pas te contredire, car vraiment tu m'étonnes, et je vois que tu en savais plus que moi quand tu lui as donné ce surnom si plaisamment appliqué.

GEORGETTE.

Oh! je me doutais bien de quelque chose. Mais à présent que nous sommes sûres du fait, nous ne pouvons plus fraterniser avec une espèce comme celle-là. Je suis d'avis d'en avertir Mme de Monfort.

LUCIE.

Garde-t-en bien! tout cela se découvrira de soi-même. Si tu en parlais aux maîtresses, on t'accuserait de méchanceté. Pour moi, je suis résolue de me taire, et si tu dis quelque chose à ces demoiselles, souviens-toi bien de ne pas me nommer, je ne veux être pour rien dans les désagréments qui arriveront à cette pauvre Rose.

GEORGETTE.

Tu es trop bonne, je te l'ai toujours dit.

LUCIE.

Que veux-tu, ma chère? je suis comme cela, on ne peut pas se refaire, et l'idée de causer la moindre peine à quelqu'un m'a toujours été insupportable.

GEORGETTE.

Pour moi, j'ai bien envie de le dire à Camille.

LUCIE.

Fais ce que tu voudras, mais n'oublie pas que je n'y suis pour rien. Pour te le prouver, tiens, je te donne ce vilain journal qui nous en a tant appris. Maintenant, il est à toi. Si tu en fais usage, comme tu agiras contre mon gré, je ne veux pas même qu'on sache que je l'ai vu. (*Elle sort. On entend près du théâtre ces mots : Reste donc tranquille, Camille; contrariante, je le dirai à Mlle Angèle.*)

SCÈNE 9me.

GEORGETTE, CAMILLE.

GEORGETTE (*s'approchant du lieu où elle a entendu les plaintes contre Camille*).

Laisse-les donc tranquilles; est-ce qu'une grande fille comme toi, qui est sur la liste d'une princesse, devrait s'amuser à faire des bêtises?

CAMILLE.

Et toi, noble Georgette, plus grande et plus ambitieuse que moi, tu t'amuses bien à en dire.

GEORGETTE,

Tu es toujours malhonnête. Je comprends bien que Constance ne veuille pas pour amie d'une étourdie comme toi.

CAMILLE.

Qu'elle le veuille ou non, cela ne vous regarde pas, Mlle Dufour, et si elle s'avise d'en aimer une autre que moi, c'est encore mon affaire.

GEORGETTE.

Allons, ne te fâche pas, Camille, car si c'était Rose qui, par hasard, vînt te supplanter, je t'apporte une nouvelle qui la pousserait à coups de poings hors du cœur de Constance.

CAMILLE.

Une nouvelle qui pousse à coups de poings!... (*Elle rit de toutes ses forces.*) Vraiment, Georgette, tu es impayable ! Si la princesse savait ce que tu vaux, elle voudrait t'avoir à tout prix, car tu la divertirais prodigieusement.

GEORGETTE.

Il est bien possible que j'aie cet honneur. Mais tu peux être sûre, Camille, que je n'en serai pas plus fière. Je viendrai vous voir comme si j'étais restée chez mon père; toute la différence, c'est que j'aurai des robes magnifiques, des bijoux...

CAMILLE.

Et tu te mettras ainsi en parure de cour pour venir nous voir?

GEORGETTE.

Certainement, ce sera pour vous faire honneur, afin qu'on dise partout: tiens, c'est pourtant une élève de Mme de Monfort qui passe dans ce bel équipage!

CAMILLE.

Oui, et on ajoutera : c'est Georgette Dufour, noble comme son nom, qui veut singer la grande dame. Mais la nouvelle que tu m'as promise, dis-la vite, la récréation va finir.

GEORGETTE.

Tu es si impertinente que je ne devrais pas te la dire, mais, comme j'ai envie que tu la saches, la voici : lis cela, et tu connaîtras les parents de *l'Illustre.*

CAMILLE *(après avoir lu).*

Qui t'a dit cela?

GEORGETTE.

Ah! ma chère, quelqu'un qui en sait plus que toi et moi. Enfin, c'est une chose sûre. Ainsi, vois comme j'ai le nez fin, puisque j'ai dit tout d'abord que je ne pouvais pas sympathiser avec cette demoiselle.

CAMILLE.

Oh! tu as bien raison, il n'y a aucun point de contact entre vous deux. Mais, avoue-le-moi, c'est Lucie qui t'a fait cette histoire?

GEORGETTE.

Non. *(Elle rougit.)* Est-ce que je n'ai pas assez d'esprit pour l'avoir trouvée toute seule?

CAMILLE.

Non, ma chère, si on ne t'avait pas poussée, tu ne serais pas allée si loin, et, encore un coup, c'est Lucie qui doit avoir inventé ou découvert cela, je ne sais lequel des deux.

GEORGETTE.

Ni l'un ni l'autre. Je te dis que c'est moi qui ai deviné que cela se rapportait à *l'Illustre.*

CAMILLE.

Mais enfin, ce journal n'est pas tombé du ciel dans ta main. Qui te l'a donné?

GEORGETTE.

Je n'ai pas de comptes à vous rendre. Vous m'embernez. *(Elle s'en va.)*

CAMILLE.

Ah! ah! ah! honneur à l'esprit des Dufour. Georgette! Georgette! *(Georgette se retourne d'un air de fort mauvaise humeur.)* Ma bonne amie *(d'un air doucereux)*, désiste-toi de tes prétentions sur la princesse, je t'en prie, car je tremble qu'elle ne t'emberne. (*Georgette répond par un gracieux tirement de langue.*)

SCÈNE 10me.

CAMILLE seule.

Il est clair que la malice de Lucie a tissé cette trame... On m'accuse d'être étourdie, et j'avoue que je n'ai pas volé ce mauvais renom; mais jamais je n'aurais inventé cette méchanceté... Pourquoi Rose vient-elle me dérober le cœur de Constance? Constance m'était nécessaire pour me rendre sage... Mais, il n'est pas dit que Rose m'ait supplantée; si cela était, je lui en voudrais terriblement! Ne devrais-je pas.....? Non, non, soyons étourdie si je ne peux pas devenir plus raisonnable, soit; mais méchante comme cette hypocrite de Lucie qui, à dix-sept ans, est venue nous apporter ici sa duplicité, jamais! Ce n'est pas moi qui irai ébruiter ce conte infâme.

SCÈNE 11^{mé}.

CAMILLE, AGLAE, JOSÉPHINE, NÉLY, ETC.

AGLAÉ (entrant).

Que fais-tu donc là toute seule, Camille?

NÉLY.

Nous te cherchions partout pour nous amuser; quand tu n'y es pas, rien ne réussit.

AGLAÉ.

Camille ne paraît pas en train de jouer, elle devient philosophe.

JOSÉPHINE.

Elle préparait sans doute le compliment qu'elle doit adresser à la princesse le jour où elle sera choisie pour sa compagne.

CAMILLE.

Ce langage vous sied mal, Mesdemoiselles, à vous qui vous êtes mises hors de concours.

SCÈNE 12me.

LES MÊMES, LUCIE, GEORGETTE.

LUCIE.

Mesdemoiselles, grande nouvelle qui va vous faire venir l'eau à la bouche.

LES PETITES.

Quelle est donc cette grande nouvelle?

GEORGETTE.

Oui, oui, grande nouvelle! Les parents de Lucie, ceux

de Camille, les miens, *moi* et mes deux compagnes, nous sommes tous invités à aller manger la soupe au château du prince. Là, nous devons faire connaissance avec la belle et charmante en tout point princesse que nous devons...

CAMILLE.

Tu t'embrouilles, Georgette. Je crois que la fumée du potage du prince t'a déjà troublé la cervelle.

JOSÉPHINE.

Mais, est-ce qu'il n'y a que vous trois qui irez chez le prince? (*Rose paraît sur le théâtre.*)

LUCIE (*d'un air dédaigneux*).

Je ne vois pas trop qui pourrait y venir avec nous.

SCÈNE 13ᵐᵉ.

LES MÊMES, ROSE.

ROSE.

Il me semble que Constance ne déparerait pas votre société.

LUCIE.

Ah! tu as raison, je l'oubliais; mais la maladie de son père y mettra obstacle. D'ailleurs, elle n'a personne pour la chaperonner.

ROSE.

Mesdames d'Orgemont et Saint-Elme lui rendront bien ce service. Puisqu'elle est au nombre des concurrentes, elle doit être comme vous appelée au château.

GEORGETTE (*d'un air de mépris*).

Et comme vous aussi, sans doute?

ROSE.

Et pourquoi pas, je vous prie, Mˡˡᵉ Dufour? Croyez-vous ma naissance moins illustre que la vôtre? (*Rire général.*)

GEORGETTE.

Oh! pour *illustre*, je vous crois très-*illustre*; et je ne me flatte pas d'être *illustre* comme vous. (*Les rires continuent. Rose les regarde d'un œil calme et fier.*)

SCÈNE 14ᵐᵉ.

LES MÊMES, CONSTANCE ET Mˡˡᵉ ANGÈLE.

CONSTANCE (*accourant tout essoufflée, présente à Rose une lettre ouverte*).

De mon père!

ROSE (*lisant*).

« Ma chère enfant, grâce sans doute à tes prières, je

suis hors de danger. Dans peu j'aurai la force de t'en dire davantage. En attendant, remercie le Seigneur qui a bien voulu conserver la vie de celui qui ne respire que pour toi » Oh! mon Dieu, que vous êtes bon!

TOUTES *(Camille exceptée).*

Que nous sommes contentes! Chère Constance, nous te félicitons bien, tu mérites bien ton bonheur...! (*Constance ne peut s'exprimer que par des larmes de joie.*)

Mlle ANGÈLE.

Je n'ai pas voulu, Mesdemoiselles, arrêter l'élan de vos cœurs pour Constance, j'en suis trop heureuse moi-même; mais je dois avertir Mesdemoiselles d'Orgemont, Dufour et Saint-Elme qu'elles sont attendues au parloir. (*Elles sortent, la foule les suit.*)

SCÈNE 15me.

ROSE, CONSTANCE.

ROSE.

Ces demoiselles vont sans doute essayer leur splendide toilette pour demain. Et toi, Constance, comment seras-tu mise?

CONSTANCE.

Tu m'y fais penser; Mme de Monfort m'a avertie de me préparer au dîner du prince. Oh! mon Dieu, quel ennui! Mais tu seras là pour me rassurer. Tu me demandes comment je serai mise: comme toi; Mme de Monfort me l'a permis.

ROSE *(rougissant).*

Mais sais-tu ce que je mettrai moi-même?

CONSTANCE.

Je ne m'en suis point inquiétée, trop heureuse qu'on m'ait accordé ma demande.

ROSE.

Tu ignores peut-être que je n'aurai rien de neuf; une simple robe blanche, pas même un bijou. Ma grand'mère me l'a encore dit hier.

CONSTANCE.

Que m'importe!... Pas de bijoux! attends-moi une minute, je reviens.

ROSE *(seule un moment).*

Comme j'avais été trompée sur le compte de cette excellente Constance! Et je la taxais de légèreté, d'aimer Camille l'étourdie, tandis que Camille est la seule qui n'ait pas daigné tout à l'heure la féliciter de la guérison de son père. Il faut dire que Constance était exploitée par l'affection tyrannique de sa prétendue amie!

CONSTANCE (*elle arrive en courant, elle ouvre une cassette d'où elle tire une chaîne fort belle à laquelle est suspendue une croix d'or émaillée, ornée de pierres fines*).

Si tu m'aimes, laisse-moi te mettre ceci. Je t'en supplie, oh! bonne, ne me refuse pas!

ROSE.

Non, je ne me parerai pas de bijoux empruntés.

CONSTANCE.

Même à moi?

ROSE.

S'il m'arrivait d'être dans le besoin, j'emprunterais de toi, sans balancer, le nécessaire, mon amie; mais le superflu, jamais.

CONSTANCE.

Ecoute-moi. Mon père m'a toujours permis de disposer à mon gré de ce qui m'appartenait. Si donc je t'offrais un gage de mon amitié, tu ne me refuserais pas, n'est-ce pas, Rose? Ta fierté ne va pas jusque-là?

ROSE.

Oh! non, et pour te le prouver, Constance, accepte toi-même cette petite bague. Elle est simple, mais elle a du prix, puisque ma grand'mère en me la donnant m'a dit : « Porte-la jusqu'au jour où tu auras trouvé une amie. » Pardonne si j'ai tant tardé à te l'offrir.

CONSTANCE.

Merci, ma chère Rose. Si tu savais comme elle me faisait envie. Allons, rebelle, entrez. A présent, tu as perdu le droit de refuser. (*Elle attache au cou de Rose la chaîne et la croix.*)

ROSE.

Tu me les donnes? Eh bien! j'accepte, et toute ma vie je me ferai gloire d'avoir été parée de tes dons.

CONSTANCE.

Tu ne me refuses pas! Oh! que tu es bonne! Mais il faut que je te dise que les pensionnaires ne me connaissent pas ces bijoux, elles n'auront donc point de commentaires à faire à ce sujet.

ROSE.

Peu m'importe. Et que mettras-tu?

CONSTANCE.

Un rang de chaîne de Venise auquel est suspendu un

médaillon renfermant des cheveux de mon père ; je ne sais jamais mettre autre chose en fait de joyaux.

ROSE.

C'est-à-dire que tu m'as donné ce que tu avais de plus paré ; mais j'ai accepté, je ne m'en dédirai pas : j'aime déjà trop ma petite croix pour cela.

CONSTANCE.

A la bonne heure ! garde-la toujours, et crois bien que ma bague ne me quittera jamais.

SCÈNE 16me.
LES MÊMES, Mme DE MONFORT.

Mme DE MONFORT.

Eh bien ! mes enfants, vous occupez-vous un peu de votre toilette de demain ?... Mais, Rose, je ne vous connaissais point de bijoux ?

ROSE.

C'est un don de ma chère Constance que j'aurais dû refuser, peut-être, mais je n'en ai pas eu le courage.

CONSTANCE.

Et voici un souvenir de Rose.

Mme DE MONFORT.

Ainsi, vous avez donné votre bague ?

ROSE.

Oui, Madame. (*Et elle se jette dans les bras de la supérieure qui la presse affectueusement sur son cœur.*)

FIN DU 3me ACTE.

ACTE QUATRIÈME.
SCÈNE 1re.
Mme DE MONFORT, ROSE, CONSTANCE.

Mme DE MONFORT.

Hé bien, mes enfants, comment avez-vous passé votre journée ?

CONSTANCE.

Oh ! ma mère, le plus heureux est que nous soyons de retour ; je ne me crois pas faite pour les châteaux des princes. Nous avons été comblées de témoignages d'affection ; le prince et la princesse Amélie, sa mère, ont été pour nous d'une bonté inexprimable, et cependant... que je suis bien à vos pieds, ma bonne mère ! (*Elle lui baise la main.*)

Mme DE MONFORT.

La princesse Albertine ne vous a-t-elle pas paru bien aimable?

CONSTANCE.

Certainement, ma mère, elle m'a fait tant d'amitiés, que je serais bien ingrate si je ne lui conservais une grande reconnaissance; mais si vous saviez, Madame, comme elle est légère et capricieuse! — ou du moins elle s'est montrée telle, — qu'il me serait bien difficile de l'aimer.

ROSE.

Tu ne la connais pas encore bien, ma chère amie; un jour tu l'aimeras comme tu m'aimes.

CONSTANCE.

Veux-tu bien te taire?

Mme DE MONFORT.

Et vos compagnes? Dites-moi bien ce qui les concerne. Je redoute pour elles quelque extravagance de toilette, car, lorsque j'ai proposé aux parents d'envoyer au château les enfants en costume de pensionnaires, ils ont jeté les hauts cris. J'ai dû céder, mais bien à regret!

ROSE.

La plus singulière, Madame, était la pauvre Georgette : sur un magnifique par-dessous de satin rose, une robe de gaze rose, parsemée d'étoiles d'argent; pour ceinture, un ruban d'argent retenu par une agrafe en diamants; une rivière de diamants, de grandes boucles d'oreilles assorties; sa coiffure offrait une réunion de fleurs et de rubans la plus bizarre qu'on pût imaginer. Avec les traits si communs et la taille si épaisse de Georgette, cette toilette à fracas n'aboutissait qu'à mieux faire ressortir ses désavantages. J'ai pu dominer l'envie de rire qu'excitait en moi la vue de cette caricature, jusqu'à ce qu'elle ait avancé un pied; mais quand j'ai vu un immense soulier vert qui, certes, ne venait pas de Paris comme le reste de la parure, j'ai dû faire usage de mon mouchoir pour me cacher la figure; le rire était plus fort que ma volonté.

CONSTANCE.

Oh! Madame, le grotesque de sa toilette n'était rien en comparaison du malheur qui lui est arrivé pendant le dîner : sa robe était trop étroite; il avait fallu, pour la mettre, serrer le corset à outrance; au dessert, elle étouffait; elle a dû se déshabiller et se vêtir d'un peignoir de mousseline de la princesse.

Mme DE MONFORT (*avec tristesse*).

Vous voyez, par cet exemple, combien l'influence de la première éducation est puissante ! Mlle Dufour nous est arrivée trop tard. Je crains bien qu'elle ne soit toute sa vie ce qu'elle est aujourd'hui, parce qu'elle a la malheureuse idée que l'argent tient lieu de toutes les qualités qu'on ne s'est pas donné la peine d'acquérir. Et Lucie ?

ROSE.

Lucie n'avait pas une toilette si extravagante, mais elle aura sans doute entendu dire qu'une parure assortie est de bon goût. En qualité de brune, elle a choisi le jaune qu'elle a mis partout : robe de crêpe jaune, rubans jaunes, bijoux jaunes, gants jaunes, souliers de satin jaune, et pour couronner tout cela, une grande plume jaune dans ses cheveux. Camille était en bleu, et quoique sa parure ne fût pas celle d'une jeune pensionnaire, elle était bien plus agréable que celle de ses compagnes.

SCÈNE 2me.

LES MÊMES, UNE DOMESTIQUE.

LA DOMESTIQUE.

Voici une lettre à l'adresse de Mlle d'Auberval.

CONSTANCE.

De mon père ! (*Elle la présente à Mme de Monfort qui la décachète et la lui rend.*)

SCÈNE 3me.

LES MÊMES, *moins* LA DOMESTIQUE.

CONSTANCE (*lit tout bas*).

Il va bien, fort bien ! (*Avec un vif accent de joie.*) Ah ! Madame, on lui accorde un congé, il va bientôt venir me voir.

Mme DE MONFORT.

Ma chère enfant, je prends bien part à votre bonheur. (*Rose embrasse son amie pour la féliciter ; mais à mesure que Constance lit, son front se rembrunit : c'est avec tristesse qu'elle remet à la supérieure sa lettre dont la fin contenait ces mots :*)

Mme DE MONFORT (*lisant*).

« Je ne puis te dire, ma chère enfant, la joie que j'éprouve en songeant que j'ai l'espoir de te voir nommer la compagne de la princesse Albertine ! Cette espérance a été le baume qui a guéri si promptement mes blessures.

Je ne suis pas ambïtieux, tu le sais, mais la pensée de ton avenir est un cruel tourment pour moi. Exposé chaque jour aux hasards de la guerre, je me demande sans cesse ce que tu deviendrais s'il m'arrivait malheur, sans appui, sans fortune, car l'aisance dont tu jouis tient à ma vie, mon enfant, et peut-être pourrais-tu un jour connaître la gêne... Cette pensée m'est insupportable. Mais bientôt je serai rassuré à cet égard et, au bonheur de voir ma fille proclamée la plus sage, se joindra celui d'être rassuré sur son avenir. Tu tiens donc en ce moment dans ta main la destinée de celui qui ne peut être heureux que de ton bonheur. »

CONSTANCE.

Mon bonheur! puis-je le trouver auprès d'une personne dont le caractère est si opposé au mien? Je sens que je ne pourrai jamais m'attacher à elle, et alors il faudrait donc mentir?.. (*Elle cherche quelque consolation dans les yeux de la supérieure et de Rose; ni l'une ni l'autre ne la regardent.*) Mais, ce ne sera peut-être pas moi; car enfin, il y aurait de la présomption à m'affliger d'avance d'un honneur que je ne mérite pas... Et si c'est la plus digne qui l'emporte, ô Rose, ce sera toi, et alors nous n'en serons pas moins séparées. (*Elle pleure.*)

Mme DE MONFORT (*se levant*).

Une trop grande inquiétude de l'avenir est une offense envers Dieu; confiez-vous à lui, Constance, et plus que jamais fervente dans vos prières et plus fidèle à tous vos devoirs, attendez avec soumission ce qu'il lui plaira d'ordonner sur votre sort. Adieu, mes enfants, je vous quitte sur cette sainte pensée. (*Elle sort.*)

SCÈNE 4e.

ROSE, CONSTANCE, JOSÉPHINE, AGLAÉ, *et un peu après* GEORGETTE, LUCIE, CAMILLE, TOUTE LA GRAND'CLASSE.

JOSÉPHINE.

Vous avez fait tout à l'heure les mystérieuses, Mesdemoiselles; mais voilà nos trois autres compagnes qui arrivent, et je suis bien sûre que Camille sera moins silencieuse que vous.

AGLAÉ (*à Camille qui entre.*)

N'est-ce pas, Camille, que tu nous raconteras un peu vos aventures du jour?

LUCIE (*s'approchant de Rose et de Constance*).

Mesdemoiselles, recevez toutes deux mes félicitations sur vos succès.

CAMILLE.

Mais il me semble que nous n'avons guère sujet de nous complimenter ni de nous envier mutuellement ; car, grâce aux caprices de la princesse, les faveurs ont été assez également partagées.

LUCIE.

Comment ! n'a-t-elle pas embrassé Constance?

CAMILLE.

Oui, mais Rose l'a été aussi.

LUCIE.

Eh bien, c'est pour cela que je la félicite.

CAMILLE.

Et moi donc, qui ai reçu d'elle ce joli bracelet, crois-tu que cela ne signifie rien?

GEORGETTE.

Et ma belle robe garnie de dentelles; crois-tu que cela ne parle pas? (*Sourires de Camille, de Constance et de Rose.*)

LUCIE.

Certainement; c'est quelque chose ; mais Constance a été l'objet des témoignages les plus affectueux de la part de la princesse Amélie, et le prince a montré une prédilection marquée pour Rose. Mais je suis loin d'envier leur bonheur, puisque je peux me flatter d'y avoir contribué.

JOSÉPHINE.

Comment cela?

LUCIE.

Je n'ai fait que mon devoir : interrogée par la princesse sur le mérite de mes compagnes, j'ai dit d'elles tout le bien possible; aussi, je jouis doublement de leur succès.

AGLAÉ.

Ainsi, Camille a eu un bracelet, Georgette une robe, Constance....

LUCIE.

Un éventail.

JOSÉPHINE.

Un éventail? Mais c'est une plaisanterie. La princesse s'est trompée; il fallait donner le bracelet à Constance et l'éventail à la légère Camille.

AGLAÉ.

Et Rose, qu'a-t-elle donc?

LUCIE (*avec malice*).

Rien.

AGLAÉ.

Vraiment! Elle a le droit d'être bien fière!

LUCIE.

On aurait dû lui faire un cadeau plutôt qu'à Georgette: n'est-ce pas votre avis, Mesdemoiselles?

GEORGETTE.

Tu as raison, Lucie; cette pauvre Rose! une robe lui serait venue à propos; car, moi, est-ce que j'ai besoin qu'on me donne une robe?

(*Rose et Constance se regardent; mais elles méprisent cette insulte.*)

CAMILLE.

Il faut, Georgette, que tu aies un front d'airain pour joindre l'insolence à la fatuité. Tu aurais déjà dû nous remercier de n'avoir pas fait connaître les circonstances dans lesquelles tu as reçu cette fameuse robe de la princesse, dont tu te vantes comme d'un témoignage de son affection!

AGLAÉ.

Oh! raconte-nous cette histoire, ma bonne Camille.

CAMILLE.

Oui, je vous dirai tout; il est bon que vous sachiez par vous-mêmes si Georgette avait raison d'insulter une compagne qui la vaut cent fois malgré ses écus. Ecoutez donc, Mesdemoiselles, l'histoire véridique, authentique et on ne peut plus moderne, — puisqu'elle date d'aujourd'hui, — des tribulations de Mⁱˡᵉ Georgette Dufour. — Il paraît que notre chère compagne préférait infiniment la cuisine du prince à celle de la pension, car elle y faisait honneur en conscience. Vous dire tout ce qu'elle a consommé des plats les plus succulents que les laquais faisaient circuler à la ronde, serait impossible. Mais il paraît que l'artiste parisienne qui avait confectionné sa robe, splendide comme le firmament, — car elle était constellée d'étoiles d'argent, — n'a guère l'habitude d'habiller des tailles de la dimension de notre grosse Georgette; elle était serrée dans cette robe comme dans un étau. Bientôt elle se lève, près de suffoquer, en criant: «Je n'en peux plus, j'étrangle!...»

La princesse douairière, alarmée à la vue de la face violette et de l'air égaré de notre pauvre amie, se lève pour savoir ce qu'elle a : « Ah ! Mme la princesse, j'étouffe ! — Mais, enfin, qu'avez-vous ? — J'ai...., j'ai...., vous voyez bien que j'ai trop mangé, et que je crève dans ma chienne de robe. » (*Explosion de rires, on se tient les côtes, on crie miséricorde !*)

GEORGETTE. (*Elle veut battre Camille ; on l'en empêche.*)

Menteuse ! mauvaise langue !

CAMILLE.

Menteuse ? Jamais. J'en prends à témoin M. et Mme Dufour eux-mêmes ; ils pourront attester la fidélité du récit que je fais des tribulations de leur aimable fille.

JOSÉPHINE.

Mais ce n'est pas fini ? C'est si amusant ; il ne faut rien omettre, Camille.

CAMILLE.

La suite est facile à deviner : c'est qu'on a débarrassé Georgette de sa robe un peu trop parisienne ; qu'elle s'est trouvée si heureuse d'être affranchie du supplice qui l'avait torturée jusque-là, qu'elle n'a pas voulu s'y exposer de nouveau. C'est alors qu'on lui a offert un peignoir de la princesse. La maman croyait bien d'abord qu'il ne s'agissait que d'un prêt, car elle a demandé quelque tissu qu'on pût laver, « Attendu, » a-t-elle dit à la princesse, « que sa fille était si sagouine, » — je ne me permettrais pas d'inventer ce mot, — « qu'il faut s'attendre à ce qu'elle vous rende votre robe toute chiffonnée ; heureuse encore si elle ne vous y fait pas des taches. » Comme on ne tarda pas à faire comprendre à maman Dufour que la princesse ne se souciait pas de reprendre une robe que Mlle Georgette aurait portée, elle fit son choix en conséquence. (*Les rires fous continuent. Georgette et Lucie manifestent leur humeur par des murmures et des menaces.*) Vous murmurez, Mesdemoiselles ; sachez que j'aurai toujours une malice prête pour payer la monnaie d'une fausseté ou d'une impertinence.

JOSÉPHINE.

Ainsi, dans tout cela, Rose et Lucie ont été traitées également, puisque toutes deux n'ont rien eu ?

LUCIE.

Qui vous a dit que je n'avais rien eu ? Eh bien, sachez

que je ne donnerais pas ce que j'ai apporté du château pour les dons que les autres ont reçus, fussent-ils vingt fois plus considérables.

AGLAÉ.

Qu'est-ce donc?

JOSÉPHINE.

Qu'est-ce donc?

LUCIE.

Vous ne le saurez pas; vous avez montré un trop mauvais cœur envers Georgette. Je verrai si, plus tard, je serai mieux disposée. (*Elle sort avec Georgette.*)

CONSTANCE.

Que veut-elle dire?

ROSE.

Je n'en sais vraiment rien. Mais sois sûre que s'il y a de quoi s'en vanter, nous ne tarderons pas à l'apprendre. (*Les pensionnaires, moins Constance et Rose, sortent en cherchant à apaiser Lucie.*)

SCÈNE 5e.

CONSTANCE, ROSE.

CONSTANCE.

Oh! si ce pouvait être elle qui fût nommée!

ROSE.

Est-ce toi qui parles, Constance? Je ne te reconnais plus! Ah! que je ne t'entende pas exprimer un sentiment aussi indigne de toi! Ne m'as-tu pas dit un jour que tu plaignais Georgette d'avoir une amie telle que Lucie, parce que tu pensais que, sans cette liaison, elle aurait pu se corriger de ses travers!

CONSTANCE (*honteuse*).

C'est vrai.

ROSE.

Et cette même personne, dont l'intimité est si nuisible, qui, dès mon arrivée ici, t'a calomniée auprès de moi pour m'empêcher de te connaître, que tu ne peux pas estimer, tu la souhaiterais pour amie à une jeune princesse, l'amour de son père et l'espoir de sa noble famille! Oh! Constance, encore une fois, je ne te reconnais plus!

CONSTANCE.

Pardon! pardon! je sens que j'ai eu tort, bien tort! (*Joignant les mains.*) Mais tu vois par ce témoignage de ma faiblesse, que moi aussi je suis indigne d'être la compagne et l'amie d'un être si précieux.

ROSE (*avec attendrissement.*)

Si tu as un tort, c'est de trop m'aimer : comment donc ne te pardonnerais-je pas? D'ailleurs, je te connais assez pour être sûre que, dans un moment décisif, tu sacrifierais tout à ton devoir.

CONSTANCE.

Avec la grâce de Dieu, j'espère que oui; mais dans cette occasion ne puis-je pas hésiter? Mon père, ce père si tendre, ne veut que mon bonheur; ne pourrai-je pas lui dire que je ne le trouve pas dans ce qu'il désire?

ROSE.

Non, ma Constance, car tu lui percerais le cœur. D'ailleurs, à notre âge, sans expérience, pouvons-nous juger de ce qui doit être pour nous le bonheur? Crois-moi, sur un sujet si important; il faut nous en rapporter à ceux que Dieu a spécialement chargés de nous conduire.

SCÈNE 6e.

LES MÊMES, NÉLY.

ROSE (*à Nély qui paraît*)...

Viens donc m'embrasser! il y a deux jours que je ne t'ai rien dit. (*Nély l'embrasse et se sauve pour s'en vanter à ses compagnes.*)

NÉLY. *On l'entend dire derrière le théâtre :*

Rose m'a embrassée.

SCÈNE 7e.

ROSE, CONSTANCE.

CONSTANCE.

Je t'avouerai que ta prédilection pour cette petite est une véritable énigme pour moi. Je n'en suis pas jalouse, sans doute; mais j'aimerais bien en savoir le motif.

ROSE.

J'ai presque honte de le dire, mon amie. Pourtant, puisque je viens de te reprocher une faiblesse, il est juste qu'en retour je te fasse l'aveu de la mienne. J'ai des mouvements d'orgueil, ma Constance.

CONSTANCE.

Non, Rose; tu es quelquefois un peu fière, tu as tant de sujets de l'être; mais tu n'es point orgueilleuse.

ROSE.

Eh bien, soit orgueil ou fierté, tu sauras que le jour de la cérémonie dite du St-Empire, j'ai su gré à Lucie de m'avoir épargné une chute que j'aurais trouvée fort humiliante.

CONSTANCE.

Lucie ? et comment cela ?

ROSE.

Oui ; au moment où Joséphine et Aglaé, en qualité de juges du St-Empire, assises chacune sur un tabouret caché par un grand tapis, après m'avoir fait asseoir au milieu d'elles, se levèrent. subitement, je devais tomber, puisque le milieu où j'avais pris place devait être vide ; Lucie, ne pouvant le faire elle-même, parce que son absence eût été remarquée, eut l'idée de dire à Nély de se glisser sous le tapis pour me soutenir, et je suis toujours reconnaissante de la bonne volonté qu'a mise cette enfant à me rendre ce service.

CONSTANCE.

O ciel ! peut-on mentir ainsi !

ROSE.

Lucie a menti ! Qui était-ce donc ? (*Constance rougit et ne répond pas.*) C'était donc toi ? Oh ! que je suis heureuse ! Bonne et douce Constance, tu as fait cela pour moi, alors que je n'étais rien pour toi ! Tu l'as fait sans chercher à te faire connaître, sans le dire depuis que nous nous parlons sans cesse ! Oh ! que je t'aime !... Mais cette Lucie, quel odieux caractère ! Usurper ainsi ma reconnaissance, se faire valoir à tes dépens ! Il faut qu'elle sache ce que je pense d'elle !... (*Et Rose se dirigeait vers Lucie.*)

CONSTANCE (*la saisissant par le bras*).

Je t'en prie, chère Rose, ne lui dis rien. A quoi cela servirait-il ? Vous auriez ensemble une scène scandaleuse qui mettrait peut-être la classe en confusion. La paix ! la paix ! je t'en supplie !

ROSE.

Mais, mon amie, ne faut-il pas que les méchants soient démasqués ? Ne te dois-je pas une réparation ?

CONSTANCE.

Ah ! tu me l'as donnée complète en m'exprimant plus vivement que jamais ton amitié. C'est au nom de cette amitié que je te conjure, non-seulement de ne point faire de reproches à Lucie, mais encore de lui pardonner.

ROSE.

C'est bien fort : pourtant, tu as raison. Dieu me donne cette occasion de pratiquer une vertu qui lui est bien chère, je ne dois pas la laisser échapper. Mais (*avec un soupir),* je ne croyais pas que la clémence fût aussi difficile à exercer!

SCÈNE 8e

LES MÊMES, TOUTE LA GRAND'CLASSE.

JOSÉPHINE.

Lucie s'est enfin décidée à nous tirer de pénitence. Elle nous apporte son cadeau.

AGLAÉ ET AUTRES *(avec curiosité).*

Qu'est-ce que c'est? Qu'est-ce que c'est?

LUCIE *(apportant un objet voilé qu'elle découvre).*

C'est l'image fidèle de la noble et aimable princesse Albertine. Admirez ses traits charmants, Mesdemoiselles. *(En posant sur un lieu élevé un buste en plâtre.)*

CAMILLE.

Où as-tu donc fait cette conquête?

LUCIE.

Au château, ma chère. Tu sais que notre voiture n'est partie qu'après la vôtre; j'ai vu ce buste, j'ai témoigné l'extrême désir que j'avais de le posséder, et, sur la gracieuse autorisation du prince, cette image précieuse est devenue mon bien.

ROSE.

Mais, où était donc cette triste figure? Vous ne pouvez pas avoir trouvé cela dans les appartements du château.

LUCIE.

Il me semble, Mlle Belmont, que vous pourriez parler avec plus de respect de cet objet, par égard pour la personne qu'il représente.

ROSE.

Ce que je dis ne peut choquer personne, car un mauvais portrait ne fait jamais honneur à son modèle.

LUCIE.

Eh bien! je vous prends à témoin, Camille et Georgette. Dites-moi si ce buste n'est pas ressemblant?

GEORGETTE.

C'est la princesse toute crachée; on dirait qu'on lui a coupé la tête pour la mettre là.

CAMILLE.

Te voilà bien, Georgette, répétant comme un perroquet, d'un plâtre, ce que tu as entendu dire trivialement d'un portrait à l'huile. Moi, je trouve bien à ce buste un peu de ressemblance, mais si peu, que si on ne me l'eût pas dit, je n'aurais pas deviné qui il représentait.

LUCIE.

Tu avoues pourtant une ressemblance; Georgette la trouve parfaite; avec moi, cela fait trois témoins contre deux, car je n'ai pas demandé l'avis de Coustance, étant bien sûre qu'elle dirait comme Rose.

ROSE.

C'est assez probable : il nous arrive souvent d'être du même avis.

GEORGETTE.

Deux têtes dans un bonnet; c'est le pendant de Lucie et de moi.

CAMILLE.

Voilà qui vaut la ressemblance de la tête coupée: O Georgina! admirable Georgina! à un sou la pièce les bêtises, et je défie les trésors du prince de suffire à les payer.

LUCIE.

Vous êtes vraiment d'une impertinence insupportable, Mlle Saint-Elme; avec une langue comme la vôtre, vous vous ferez détester de tout le monde.

CAMILLE.

Si je la mettais à ton service, cela pourrait bien arriver; mais tandis que je ne m'en servirais que pour fronder le vice et le ridicule, je pourrais bien, sur trente personnes, compter jusqu'à deux amies. (*En prononçant ces dernières paroles, elle désigne du regard Rose et Constance.*)

CONSTANCE.

Allons, tâche d'être un peu plus douce.

ROSE.

Et moins étourdie.

LUCIE.

Eh bien! Mesdemoiselles, ne seriez-vous pas d'avis, avec la permission de Mlle Angèle, de placer ce buste dans un endroit apparent de notre classe, pour que sa vue nous encourage à la vertu?

QUELQUES VOIX (*froidement*).

Oui, oui. (*La curiosité satisfaite, on se retire peu à peu. Il ne reste sur le théâtre que Lucie et Georgette.*)

SCÈNE 9me.

LUCIE, GEORGETTE.

LUCIE.

Quelle froideur! Vraiment, elles n'ont point d'âme! Il n'y a que nous deux ici qui sachions sentir vivement.

Aussi, il faut absolument que, dans l'intérêt même de la princesse, ce soit toi ou moi qui devienne sa compagne. Il importe peu laquelle, puisque notre amitié nous rend tout commun; ainsi, réunissons nos idées.

GEORGETTE.

Tu ne veux pas donner à Mme de Monfort l'histoire Belmonte dans la gazette.

LUCIE.

C'est vrai, il faudra bien en venir à révéler cette histoire, mais ce n'est pas à la pension...

GEORGETTE.

Et où donc?

LUCIE.

C'est au château qu'il faudrait la faire arriver.

GEORGETTE.

Mais pourquoi n'en avoir pas parlé pendant que nous y étions?

LUCIE.

Y penses-tu? Nous compromettre en passant pour des médisantes?

GEORGETTE.

Eh bien ! il faut charger ton père ou le mien d'aller le dire au prince : c'est tout simple.

LUCIE.

Non, non, il faudrait une autre voie moins compromettante : la poste, par exemple.

GEORGETTE.

Ah! oui, mettre le journal à la poste, et puis, fouette, cocher!

LUCIE.

Mais réfléchis donc; le journal seul n'aurait pas de sens; il lui faut une application. Je ne comprends pas qu'avec ton esprit tu ne devines pas ce qu'il faudrait faire.

GEORGETTE.

Eh bien! oui, une explication qui explique comme quoi Mlle Belmont s'appelle Belmonte.

LUCIE.

Précisément; je savais bien qu'avec ton bon sens tu trouverais seule l'inspiration. Allons, prends la plume et écris ce que ton esprit ne manquera pas de te dicter. (*Lucie dicte d'un air indifférent; Georgette écrit comme si elle écrivait ses propres inspirations.*)

« Monseigneur,

» Une personne qui s'intéresse vivement à votre bonheur et à celui de votre noble fille, se croit obligée en conscience de vous prévenir que, parmi les jeunes concurrentes de la pension de Mme de Monfort, il en est une que sa naissance rend indigne de l'honneur qui pourrait lui échoir : c'est Mlle Belmont, autrement dit Belmonte. Voici ce qu'on lit dans un journal de Paris de date assez récente : « La police est en ce moment à la recherche » d'un aventurier italien nommé Belmonte qui, après » avoir dupé à Londres plusieurs personnes de la plus » haute distinction, s'est enfui, emmenant avec lui sa » fille et sa mère : cette dernière est soupçonnée de » complicité dans ses escroqueries. » Mlle Belmont garde sur son père et sa grand'mère un silence qui ne s'explique que par cette circonstance que c'est à elle que s'applique cette annonce du journal de Paris. Elle aura eu, du reste, peu à faire pour franciser son nom. Cette jeune personne possède, il est vrai, un extérieur fort intéressant; malheureusement, son caractère se ressent de sa première éducation. Fille d'un homme qui, d'après toutes les probabilités, ne respecte rien, elle fait elle-même profession d'un profond mépris pour l'illustration de la naissance, et sa conversation n'est qu'une suite d'épigrammes lancées contre les personnes d'un rang élevé. C'est au point que les pensionnaires ont été souvent saisies d'une vive indignation en l'entendant émettre ses opinions perverses. Aussi n'a-t-elle fait qu'une seule recrue parmi ses nombreuses compagnes, et vous pouvez être assuré, Monseigneur, que, hormis Mlle Constance d'Auberval qui partage en tous points les sentiments de la fille du carbonaro, les élèves de la pension de Mme de Monfort sont pénétrées d'amour et du plus profond respect pour vous et votre illustre famille. Georgette Dufour. »

LUCIE.

Vraiment, Georgette, tu n'aurais pu mieux dire... Oh ! mais, qu'as-tu fait? Il ne fallait pas signer.

GEORGETTE.

Pourquoi donc, puisque c'est si bien dit?

LUCIE.

Dans le fait, c'est fort égal, puisque ce n'est qu'une plaisanterie. Mais comme elle est bien tournée! Fais-moi je te prie, une copie de ce petit chef-d'œuvre que tu ne signeras pas; je veux l'avoir en ma possession. (*Georgette écrit, Lucie enlève le papier avant qu'il soit signé.*)

GEORGETTE.

Eh bien! est-ce que nous ne l'envoyons pas?

LUCIE.

Allons donc! c'est bon pour s'en amuser, mais l'envoyer serait odieux!

SCÈNE 10me.

LES MÊMES, Mme DE MONFORT, Mlle ANGÈLE, TOUTE LA CLASSE, UNE DOMESTIQUE (*apportant une corbeille*).

JOSÉPHINE.

Mme de Monfort!

AGLAÉ.

Mme de Monfort!

NÉLY.

Pourquoi nous fait-on rentrer plutôt?

Mme DE MONFORT.

Mes enfants, rempli de prédilection pour une maison où il espère que sa fille trouvera une amie pour la vie, le prince m'écrit de la manière la plus aimable qu'il veut que vous ayez toutes une pensée pour son Albertine. C'est donc au nom de la jeune princesse qu'il vous envoie cette corbeille, dans laquelle vous pouvez commencer à prendre toutes une fleur!... Allons, Rose, faites la distribution, puisque ces demoiselles n'osent pas se servir! (*La distribution faite, il n'en reste plus pour Rose.*)

CAMILLE.

On n'a pas bien fait le compte... (*à Rose*) Mademoiselle, permettez-moi de vous offrir la mienne.

ROSE.

Oh! non, Camille, je vous remercie.

Mme DE MONFORT.

Ce n'est pas tout, je crois; Rose, continuez vos fonctions. (*Sous les fleurs sont des cornets de bonbons: exclamations de joie. Après la distribution, il n'en reste point pour Rose.*)

CONSTANCE.

C'est bien triste! on a oublié l'une de nous, et il faut justement que cela tombe sur toi, mon amie!

ROSE.

Ne te chagrine pas pour cela, il n'y a pas de mauvaise intention.

Mme DE MONFORT.

La corbeille n'est pas vide. (*Elle se retire, sans bruit pendant que l'attention est fixée sur la corbeille d'où Rose sort, pour chaque pensionnaire, un étui aux armes du prince; sur chaque étui est écrit en lettres d'or le nom de celle à qui il est destiné. Chaque étui renferme un flacon d'essence aux armes du prince. Tous les parfums sont différents.*)

ROSE (*lisant les étiquettes*).

Mlle Lucie, essence de jonquille; Georgette, du musc; Camille, de la tubéreuse; Constance, de la rose. (*Constance fait un cri de joie. Rose continue jusqu'à la fin.*)

CONSTANCE.

Et toi?

ROSE.

Rien.

CONSTANCE.

Rien!... On l'a donc fait exprès? (*Elle cherche des yeux Mme de Monfort pour trouver auprès d'elle une explication, elle n'est plus là; elle aperçoit Mlle Angèle, elle lui parle à l'oreille; celle-ci branle la tête sans lever les yeux de dessus le livre qu'elle tient à la main.*)

LUCIE (*à part*).

Si je n'avais pas encore ma lettre dans ma poche, je dirais qu'elle commence à opérer. (*Haut.*) Eh bien! Mesdemoiselles, ne remerciez-vous pas la princesse qui nous envoie de si jolis présents? Je suis d'avis de lui en faire hommage en les déposant aux pieds de son image. (*Elle dépose ses présents au pied du buste en criant :* Vive la princesse Albertine! *Les autres l'imitent, et le cri de Vive la princesse Albertine est répété avec enthousiasme. Le buste est couronné de fleurs. On fait une ronde autour en chantant sur tous les tons :* Vive le Prince! vive la princesse Albertine! *Rose et Constance, assises à l'écart, n'y prennent point de part.*)

LUCIE (*avec emphase*).

O traits vénérés de la plus aimable, de la plus excellente, de la plus illustre princesse, nous vous faisons aujourd'hui l'hommage de nos cœurs : tous volent vers vous, tous vous resteront éternellement attachés par le double lien de l'amour et de la reconnaissance! Vive la princesse Albertine! (*Et la ronde et le chant reprennent avec entrain.*)

CONSTANCE (à Rose).

Quand je pense que tu n'as rien, je ne sais que faire de ce qu'on m'a donné; car je ne veux pas le garder; aussi vais-je m'en débarrasser. (Elle les dépose sur la table où est le buste.)

LUCIE.

A là bonne heure! La princesse accepte ton hommage, quoiqu'il soit bien tardif, Constance.

ROSE.

Ainsi, elles croient que tu sacrifies aussi au veau d'or! Ah! je leur ferai perdre cette idée. (Elle se lève, et d'un revers de main elle fait sauter le plâtre qui se brise... Stupeur des élèves... Les physionomies expriment, les unes la colère, d'autres le regret, d'autres la frayeur, comme à la vue d'un sacrilége. Rose est ferme au milieu de l'orage.)

ROSE (à Constance).

N'aie pas peur, mon amie.

Mlle ANGÈLE (avec sévérité).

Mme de Monfort décidera de la punition que vous méritez, Mademoiselle; en attendant, montez au dortoir et mettez-vous au lit.

FIN DU 4me ACTE.

ACTE CINQUIÈME.
SCÈNE Ire.
Mme DE MONFORT, Mlle ANGÈLE.

Mme DE MONFORT.

Allons, ne vous effrayez pas trop, Mademoiselle, de la colère du prince contre Mlle Belmont; ses parents prennent leur enfant, cela suffira au prince.

Mlle ANGÈLE.

Pauvre Rose!

Mme DE MONFORT.

Pourquoi vous affliger, ma fille? Ne regrettiez-vous pas qu'elle fût ici? Voilà maintenant Constance sans rivale.

Mlle ANGÈLE.

Et sans amie!

Mme DE MONFORT.

Vous étiez fâchée aussi que ces enfants s'aimassent: soyez donc d'accord avec vous-même.

Mlle ANGÈLE.

Ah ! Madame, elles sont toutes deux si pieuses et si sages, elles s'aiment d'une affection si pure, que j'ai fini par les confondre dans mon cœur.

(*Mme de Montfort considère quelques instants Mlle Angèle avec intérêt ; elle la conduit près d'un paravent formant cabinet dans un angle du théâtre. L'effet des paroles que Mme de Montfort dit à l'oreille de Mlle Angèle est tel, que celle-ci pousse un cri, et se trouve presque mal. Mme de Montfort, en la soutenant, arrive à portée de voir derrière le paravent ; elle y trouve Camille qui expliquera tout à l'heure sa présence dans ce lieu.*)

Mme DE MONFORT (*tenant Camille par la main et d'un ton terrifiant :*).

Que faisiez-vous là ?

SCÈNE 2e.

LES MÊMES, CAMILLE.

CAMILLE.

Oh ! Madame, je me repens bien d'avoir désobéi. J'ai entendu Lucie plaindre beaucoup Rose et demander à Constance si elle n'allait pas la consoler un peu. Constance a répondu que Mlle Angèle lui avait refusé la permission. Lucie a si bien peint la douleur, dans laquelle Rose devait se trouver, que je me suis étourdiment aventurée dans le couloir qui conduit au dortoir. J'ai entendu votre voix, Madame, et, folle de terreur, je n'ai plus songé qu'à échapper à vos regards. Je me suis réfugiée dans ce coin où vous m'avez trouvée.

Mme DE MONFORT.

Pourquoi ne pas vous montrer tout de suite? Je vous aurais pardonné en faveur de cet acte de courage ; mais vous avez été lâche, vous vous êtes exposée à nous entendre dans l'espoir de rester impunie. Vous me forcez par là de vous rayer de la liste des prétendantes. Avez-vous compris tout ce que nous avons dit ?

CAMILLE.

Non, Madame, j'ignore absolument ce qui a fait crier Mlle Angèle.

Mme DE MONFORT.

C'est une grâce que Dieu vous a faite ; car, si vous l'aviez su, j'aurais été obligée de vous éloigner de vos compagnes. (*Muette et tremblante, Camille se dispose à sortir.*) Vous ne me remerciez pas, Camille, de vous croire sur parole?

CAMILLE.

Oh ! si, Madame, je vous remercie de tout mon cœur. *(En disant ces mots, elle se jette aux genoux de Mme de Montfort.)*

Mme DE MONFORT.

Allez, j'espère que cette leçon vous sera utile. Ainsi, conservez le souvenir salutaire de la crainte que vous venez d'éprouver, afin de vous épargner pour l'avenir les souffrances plus vives que pourraient vous causer vos étourderies. *(Camille sort.)*

SCÈNE 3e.

Mme DE MONFORT, Mlle ANGÈLE.

Mme DE MONFORT.

Et maintenant, ma chère Angèle, j'ai à vous communiquer une crainte sur laquelle vous pouvez seule me rassurer : lisez cette lettre que la princesse Amélie vient de me faire parvenir.

Mlle ANGÈLE *(lisant)*.

Je crois que c'est l'écriture de Georgette.... Mais ce n'est pas son style. Oh ! Madame, une crainte me saisit : je crois reconnaître l'écriture de Georgette, mais elle est incapable d'avoir inventé ces horreurs, et surtout de les avoir exprimées avec tant d'habileté. Lucie est son amie ; et quoiqu'elle se soit appliquée jusqu'à ce jour à se montrer irréprochable, j'ai déjà surpris chez elle plusieurs traits de méchanceté. Serait-il possible qu'elle fût pervertie à ce point? *(Elle cache sa tête dans ses mains.)*

Mme DE MONFORT.

Envoyez-moi Lucie, Mademoiselle *(Mlle Angèle sort.)*

SCÈNE 4e.

Mme DE MONFORT *(seule)*.

Il faut que les ténèbres qui enveloppent cette œuvre infâme s'éclaircissent.

SCÈNE 5e.

Mme DE MONFORT, Mlle ANGÈLE, LUCIE.

Mme DE MONFORT *(à Lucie)*.

Connaissez-vous cette écriture?

LUCIE *(faisant semblant d'hésiter)*.

Elle ressemble à celle de Georgette.

Mme DE MONFORT.

Lisez cette lettre, Lucie, vous me direz ensuite si

vous pensez que Mlle Dufour soit capable d'avoir eu ces idées, de les formuler et d'avoir eu l'audace de les faire parvenir à cette adresse.

LUCIE (*après avoir lu*)?

Pauvre Georgette! Hélas! Madame, je sais comme vous qu'elle a bien peu de moyens. Mais, dans cette occasion, l'ambition lui a tellement tourné la tête que, d'après toutes les folies qu'elle dit, je ne serais pas étonnée qu'elle eût fait celle-ci.

Mme DE MONFORT.

Il est vrai que c'est une folie; mais elle est bien coupable, elle dénote une âme bien perverse. Mais vous, si liée avec Mlle Dufour, il est impossible que vous ne sachiez pas sur quelles données elle s'est appuyée pour écrire cela!

LUCIE.

Ah! je me rappelle maintenant qu'elle nous montra un jour un article de journal qui a un rapport frappant avec les paroles de cette lettre. Je sais aussi qu'elle a dit à plusieurs pensionnaires ce qu'elle croyait savoir sur Rose, notamment à Constance, et que c'est depuis ce temps-là que cette dernière est si fâchée d'avoir connu Mlle Belmont.

Mme DE MONFORT.

Constance a exprimé ce sentiment?

LUCIE.

Oui, Madame, et je puis l'assurer, puisque je l'ai entendue se plaindre amèrement de ce que vous aviez vous-même contribué à former sa liaison avec Rose.

Mme DE MONFORT.

Elle me reproche d'avoir permis qu'une si aimable compagne vînt la consoler dans son affliction?

LUCIE.

Oui, Madame.

Mlle ANGÈLE.

Lucie! n'aurait-on pas envenimé une parole tout à fait inoffensive, pour en dénaturer le sens et lui donner les apparences du murmure? Ce que vous dites me paraît incroyable.

LUCIE.

Mlle Camille elle-même et plusieurs autres qui regrettent Rose, ont été vivement blessées en voyant la légèreté de Constance. L'autre partie des pensionnaires, qui se fait gloire d'honorer la princesse, souffre à l'idée que cette personne crédule et infidèle, puisse devenir l'amie de la princesse Albertine.

Mᵐᵉ DE MONFORT.

Ainsi vous êtes divisées en deux factions ? vous avez les partisans de Rose et ceux de la princesse ? (*Levant les épaules*) Pauvres têtes !... Mais, laissons cela pour le moment ; l'épreuve va finir et les deux partis se fondront alors, j'espère, tant pour rougir de leur sotte division, que pour célébrer celles qui n'y ont pas pris part. En attendant, achevons d'éclaircir cette affaire. (*En montrant la lettre de Georgette*) : Lucie, indiquez-moi le pupître de Mˡˡᵉ Dufour.

LUCIE.

Le voici, Madame. (*On examine les cahiers.*)

Mᵐᵉ DE MONFORT.

L'écriture est parfaitement conforme à ce type.

Mˡˡᵉ ANGÈLE.

Voici le brouillon. Il est signé, voyez Madame.

Mᵐᵉ DE MONFORT.

La preuve est palpable ; et voici sans doute le journal, (*En prenant un imprimé.*) Montrez-moi l'article en question, Lucie,
(*Lucie affecte de le chercher longtemps ; enfin, elle le trouve et l'indique à la supérieure.*)

Mᵐᵉ DE MONFORT (*à Mˡˡᵉ Angèle, pendant que Lucie cherche.*)

Mademoiselle, allez dire à Constance de m'apporter son travail. Je suis bien aise de l'interroger indirectement sur ce qui vient de m'être révélé. Je ne dois pas la condamner sans l'entendre ; mais, d'autre part, je dois m'assurer de ses dispositions réelles par rapport aux sentiments qu'on lui impute. (*Mˡˡᵉ Angèle sort.*)

SCÈNE 6ᵉ.

Mᵐᵉ DE MONFORT, LUCIE,

Mᵐᵉ DE MONFORT (*après avoir lu bas*).

Comment a-t-on pu faire un pareil rapprochement ? Savez-vous de qui Georgette tient ce journal ?

LUCIE.

Non, Madame ; mai si vous voulez, j'irai la chercher pour qu'elle le dise.

Mᵐᵉ DE MONFORT (*vivement*).

Restez : elle viendra quand il faudra.

SCÈNE 7e.

Mme DE MONFORT, LUCIE, Mlle ANGÈLE, CONSTANCE.

(Constance paraît, précédée de Mlle Angèle; sa physionomie, joyeuse d'abord, s'assombrit en face de la figure sévère de Mme la supérieure.)

Mme DE MONFORT.

Vous avez fini l'écharpe de la princesse, Constance?

CONSTANCE (un peu ranimée par ces paroles).

Oui, Madame.

Mme DE MONFORT.

Voyons-la.

Mlle ANGÈLE.

Oh! quel joli travail!

Mme DE MONFORT.

C'est vraiment fort bien. Mais que faites-vous à présent?

CONSTANCE.

C'est une ceinture, Madame.

Mme DE MONFORT.

Il faudrait prendre votre récréation, car vous avez beaucoup travaillé ces jours-ci, et il ne faut d'excès en rien.

CONSTANCE.

Ah! Madame, ne me demandez pas, je vous en supplie, d'interrompre ce travail : c'est pour Rose que je le fais. Elle m'a fait dire qu'elle viendrait bientôt; et je ne sais pas (elle prend les larmes aux yeux) si j'aurai une autre occasion de la lui offrir moi-même.

Mme DE MONFORT.

Vous l'aimez donc toujours?

CONSTANCE.

Ciel! peut-on cesser d'aimer Rose quand on l'a connue?

Mme DE MONFORT.

Cependant, si ses parents n'étaient pas dignes d'estime, comme on le prétend?

CONSTANCE.

Oh! quel malheur! quel malheur! Mais cela n'est pas vrai, n'est-ce pas?

Mme DE MONFORT.

Mais si cela était, cependant, que feriez-vous?

CONSTANCE (met un genou en terre et baise la main de Mme de Monfort.)

Alors, j'implorerais vos conseils, bonne mère! je demanderais les ordres de mon père, et je me soumettrais à tout, pourvu qu'on ne me demandât pas d'oublier Rose et de ne plus l'aimer.

Mme DE MONTFORT (d'un air satisfait et redevenu maternel).

J'aime à vous voir dans ces dispositions, mon enfant. Persévérez dans ces sentiments. Allez, je vous laisse la liberté d'achever ce travail si cher à votre cœur. Dites à Georgette que j'ai à lui parler ici. (Constance sort.)
(Mme de Monfort jette sur Lucie un regard si sévère, que celle-ci frémit et courbe la tête de frayeur. Sur un signe de la supérieure, Mlle Angèle emmène Lucie.)

SCÈNE 8e.

Mme DE MONFORT, GEORGETTE.

Mme DE MONFORT.

Georgette, est-ce vous qui avez écrit cette lettre ?

GEORGETTE (avec une assurance exagérée et par-là même ridicule.)

Non, Madame, ce n'est pas moi.

Mme DE MONFORT.

Réfléchissez bien avant d'affirmer un mensonge ; est-ce Lucie qui vous a dicté cette lettre ?

GEORGETTE.

Non, Madame, personne ne m'a rien dicté ; je n'ai rien écrit.

Mme DE MONFORT.

Quoiqu'il n'y eût aucune apparence que vous fussiez choisie pour compagne de la princesse, c'eût été déjà fort honorable pour vous d'être restée sur la liste jusqu'à la fin. Vos mensonges évidents vous priveront de cet honneur. Ce sera un grand chagrin pour vos parents, Mademoiselle.

GEORGETTE.

Oh ! il faudra bien qu'ils se consolent ; d'ailleurs, si Lucie est nommée, c'est tout comme si c'était moi.

Mme DE MONFORT.

Comment cela, s'il vous plaît ?

GEORGETTE.

Oh ! c'est qu'elle m'aime comme ses yeux, voyez-vous, Madame, et elle m'a dit cent fois que, si elle est nommée, elle partagera la princesse avec moi.

Mme DE MONFORT.

Ah ! certes, si j'avais pu conserver jusqu'ici quelque

doute sur le rôle de Lucie dans cette affaire, ces paroles n'en permettent plus, Retirez-vous, Georgette.

SCÈNE 9me.

Mme DE MONFORT, Mlle ANGÈLE (accourant en hâte).

Mlle ANGÈLE.

Madame, la princesse Amélie est au parloir; elle attend d'être introduite dans la pension. Albertine l'accompagne.

Mme DE MONFORT.

Déjà! je ne l'attendais que demain. N'importe, calmez-vous, Mademoiselle, je vais au-devant des princesses. Veuillez ranger un peu ce salon où je vais les introduire. — Mais non, il importe que la princesse Albertine ne paraisse pas encore. — Pendant que j'entretiendrai ici son excellente grand'mère, vous irez quelques instants auprès d'Albertine, vous tâcherez de modérer son impatience. (Elle sort.)

SCÈNE 10me.

Mlle ANGÈLE (range chaises et fauteuils).

Enfin! voilà le moment solennel où tout va se découvrir! O mon Dieu! soyez béni d'avoir tout conduit pour votre gloire!

SCÈNE 11me.

LA PRINCESSE AMÉLIE, Mme DE MONFORT, Mlle ANGÉLE (qui sort bientôt).

Mme DE MONFORT.

Mlle Angèle, tout en modérant de votre mieux l'empressement de la jeune princesse, ne vous éloignez pas trop; je peux avoir besoin de votre concours dans quelques instants.

Mme DE MONFORT (à la princesse, qu'elle fait asseoir dans un fauteuil).

Madame, je ne sais comment reconnaître toutes les bontés dont Votre Altesse et le Prince votre fils daignent me combler...

PRINCESSE AMÉLIE.

Brisons là-dessus, ma chère dame de Monfort; ce que nous faisons est peu en comparaison de ce que vous méritez. Mais, asseyez-vous près de moi, et causons sans étiquette, comme deux amies. Avez-vous appris quelque chose sur l'auteur de la lettre adressée à mon fils et que je vous ai renvoyée?

5

J'ai le regret de vous dire que cette abominable lettre est en effet sortie de notre maison. Il y a deux coupables au lieu d'une. Georgette Dufour, qui a tenu la plume, est tout à fait incapable de l'avoir composée. La méchanceté de Lucie d'Orgemont a passé par là, ou plutôt elle seule a tissé cette trame odieuse. Les dénégations, d'une maladresse extrême, de Georgette Dufour, rendent ce jugement parfaitement certain.

PRINCESSE AMÉLIE.

Désirez-vous, comme moi, éclaircir à fond cette affaire?

Mme DE MONFORT.

Certainement, Madame, puisqu'il s'agit d'une chose qui touche à l'honneur de mon établissement!

PRINCESSE AMÉLIE.

Puisque nous avons le même désir, permettez-moi, Madame, d'agir à ma guise! Il faut employer ici ruse contre ruse. Et, en cette matière, nous qui avons vécu au milieu d'un monde où les hypocrisies ne sont pas rares, nous avons peut-être plus d'expérience que vous qui vivez avec des âmes droites et pures, où le mensonge n'est qu'une bien rare exception. Permettez donc que Mlle Dufour soit placée dans ce cabinet, d'où l'on peut entendre tout ce qui se dit ici. Veuillez ensuite faire venir Mlle d'Orgemont. Je crois que la petite leçon que je vais leur donner pourra leur être utile le reste de leur vie.

Mme DE MONFORT.

J'adhère avec empressement à votre décision, Madame, et je vais donner des ordres en conséquence. (*Elle sort et rentre bientôt après.*) Mlle Angèle est prévenue, et vos intentions vont être ponctuellement exécutées.

PRINCESSE AMÉLIE.

J'ai encore une demande à vous faire, Madame, et c'est aussi le désir de mon fils, c'est que vous me permettiez d'éprouver aussi Constance. Je l'aime déjà comme ma fille, vous le savez; toutefois, j'aimerais à m'assurer que sa grande douceur ne dégénérera pas en faiblesse.

Mme DE MONFORT.

Oh! celle-là, Madame, Votre Altesse peut la faire passer par toutes les épreuves qu'elle jugera convenables, elle ne m'inspire aucune crainte.

PRINCESSE AMÉLIE.

J'en serai d'autant plus heureuse que mon désir le plus

vif est qu'elle devienne la compagne de mon Albertine. Je sais d'autre part que le prince appelle auprès de lui M. d'Auberval en qualité d'aide-de-camp, de sorte que le père et la fille ne seront pas séparés.

Mme DE MONFORT.

Oh! que je suis reconnaissante au prince!...

SCÈNE 12me.

LES MÊMES, Mlle ANGÈLE, LUCIE (Georgette est cachée derrière le paravent).

Mlle ANGÈLE (à Mme de Monfort).

Je me suis conformée à vos intentions, Madame, et je vous amène Mlle d'Orgemont.

Mme DE MONFORT.

Bien, Angèle; veillez, je vous prie, à ce qu'on ne nous dérange pas.

SCÈNE 13me.

LES MÊMES, moins Mlle ANGÈLE.

PRINCESSE AMÉLIE.

Le jour est arrivé, Mademoiselle, où ma petite-fille Albertine aura une compagne sortie de cette excellente maison. L'épreuve a été rude, à ce qu'il paraît, puisque des concurrentes, d'abord fort nombreuses, puis réduites à cinq, il ne reste que Mlle d'Auberval et vous! Dans ce moment décisif, je suis résolue avant tout de chercher l'auteur d'une lettre anonyme, excessivement odieuse, à l'adresse de mon fils. Je veux savoir de plus si celle qui l'a faite a des complices, car je ne peux admettre dans l'intimité de ma fille quiconque a pris part à cette noirceur. Dites-nous donc avec sincérité, Mademoiselle, ce que vous savez à ce sujet.

LUCIE (un instant muette, dit enfin, en singeant la tristesse) :

Mme de Monfort connaît bien la coupable; j'ose donc supplier Votre Altesse de m'épargner la douleur de la nommer.

PRINCESSE AMÉLIE.

Non, je désire au contraire que vous me fassiez ce plaisir.

LUCIE.

Eh bien! c'est Georgette Dufour.

PRINCESSE AMÉLIE,

En êtes-vous bien sûre?

LUCIE.

Ah ! Madame, les preuves sont convaincantes, l'écriture...

PRINCESSE AMÉLIE.

On pourrait lui avoir dicté cette lettre ; Mademoiselle Dufour est fort simple ; il est facile de la tromper.

LUCIE (d'un ton doucereux).

Georgette n'a point d'esprit, tant s'en faut ! mais elle est fausse et méchante. Dans cette occasion, elle était tellement exaltée par l'ambition, qu'elle a pu inventer ce dont son peu de moyens la rendrait incapable en tout autre temps.

PRINCESSE AMÉLIE.

Et ce journal, comment pensez-vous qu'il lui soit parvenu ?

LUCIE.

Je crois lui avoir entendu dire qu'elle l'avait trouvé chez son père ; mais elle est si menteuse, qu'on ne peut ajouter foi à aucune de ses paroles.

PRINCESSE AMÉLIE.

Je croyais Mlle Dufour votre intime amie?

LUCIE.

Oh ! Madame, comment aurais-je placé si mal mon affection? Georgette, qui prétend m'aimer, m'accablait sous le poids de ses lourdes prévenances, et la charité chrétienne ainsi que les relations qui existent entre nos deux familles, m'obligeaient à la supporter avec patience.

PRINCESSE AMÉLIE.

Ainsi, dans le cas où vous viendriez auprès de ma petite-fille, vous consentiriez à rompre entièrement avec Mlle Dufour.

LUCIE.

Est-il possible que Votre Altesse ait jamais pu penser que celle qui aurait le bonheur d'être attachée à votre noble fille, qui serait appelée à la gloire de lui consacrer sa vie, pût conserver la moindre relation avec une personne aussi bornée, aussi dépourvue de toutes qualités que Mlle Dufour?

SCÈNE 14e.

LES MÊMES, GEORGETTE, Mlle ANGÈLE (qui s'efforce en vain de la retenir.)

GEORGETTE.

Menteuse ! hypocrite ! méchante ! langue de vipère !

C'est donc comme cela que tu me tiens parole ? Imagi-néz-vous, Madame la princesse, qu'elle m'avait dit que si elle était nommée, je serais, tout aussi bien qu'elle, com-père et compagnon avec la princesse Albertine. A présent, je vois bien que cette scélérate a fait exprès de me don-ner le journal et de me faire écrire la lettre pour qu'on me fermât la porte au nez. Mais j'ai une langue, Dieu merci, et je parlerai. Elle dit que je suis menteuse, la traîtresse ! Eh bien, qu'elle me démente !... Qu'elle dise aussi comment elle a fait pour avoir le buste de votre fille en plâtre, qui était sur la cheminée du concierge de votre château : « Georgette, ma chère amie, il me faudrait de l'argent pour donner à cet homme qui veut bien me céder cette précieuse image. » C'est comme ça qu'elle m'a dit, parce qu'elle n'a jamais le sou et qu'elle sait que j'ai tou-jours quelque chose en poche. Ce jour-là, mon père m'a-vait donné deux louis tout neufs; j'eus la bêtise de les lâcher. Et c'est comme ça que cette belle demoiselle est venue faire ici ses embarras en disant presque que c'était M. le prince qui lui avait donné le portrait de sa fille ; et moi j'étais si bonne, que je la laissais dire quand je sa-vais la vérité ; mais je croyais qu'elle avait de l'amitié pour moi; et à présent que je vois le contraire, je lui en ferai voir de grises, à mon tour. (*Elle prend Lucie à la gorge et la secoue en criant :*) Rends-moi mon or, co-quine, ou je t'étrangle !

Mme DE MONFORT (*prenant Lucie d'une main, Georgette de l'autre, les fixe tour à tour de son regard imposant. Elle dit à Lucie :*)

Vous allez sortir d'ici, Mademoiselle; je ne trouve point d'expression assez énergique pour caractériser votre odieuse conduite; vous pourriez ternir la réputation de notre maison; et vous, Georgette, crédule, remplie de vanité, disposée à la colère, vous commenciez à tromper, et vous marchiez à grands pas sur les traces de votre in-digne amie. J'attendrai, pour prononcer sur vous, l'effet que pourra produire la sévère leçon que Son Altesse vient de vous donner. Allez en classe. Suivez-la, Made-moiselle d'Orgemont, en attendant que votre famille vienne vous chercher.

SCÈNE 15.

LES MÊMES, MOINS GEORGETTE ET LUCIE.

(Il y a un moment de silence à la suite de la scène précé-
dente.)

PRINCESSE AMÉLIE.

A Constance, maintenant, Madame; vous me l'avez
promis.

Mᵐᵉ DE MONFORT (avec émotion).

Oui ! j'y consens ! qu'on la fasse venir. Celle-là mettra du baume sur la plaie que m'ont faite les deux autres.

PRINCESSE AMÉLIE.

Mademoiselle Angèle, veuillez nous envoyer Constance.
Quand elle sera ici, vous ferez entrer secrètement Albertine dans le cabinet que vient de quitter Mˡˡᵉ Dufour.

SCÈNE 16.

LES MÊMES, CONSTANCE, ALBERTINE, (cachée derrière le paravent) ET (un peu après) Mˡˡᵉ ANGÈLE.

Mᵐᵉ DE MONFORT (à Constance).

Venez, mon enfant, ne craignez rien; ne suis-je pas
une mère pour vous?

PRINCESSE AMÉLIE.

Et quant à moi (en l'attirant), croyez, Constance qu'il
me tarde de vous appeler ma fille. Mon Albertine est ici;
elle attend impatiemment que vous lui soyez présentée.
Vous l'aimerez, je l'espère.

CONSTANCE.

Oh ! croyez, Madame, que je sens vivement toutes les
bontés du prince et les vôtres envers mon père et envers
moi, et que je ferai mon possible pour m'en rendre
digne.

PRINCESSE AMÉLIE.

Vous n'avez à faire pour cela que ce que vous avez fait
jusqu'ici : être toujours pieuse, douce, sincère, et puis
aimer ma fille pour qui vous ne sentez rien encore, je
crois. (Constance reste muette.) Est-ce qu'elle ne vous
plaît pas?

CONSTANCE.

Elle est très-aimable; mais... je ne puis me figurer
qu'elle pourra m'aimer.

PRINCESSE AMÉLIE.

Vous êtes trop modeste, Constance, Albertine vous aime déjà, et j'ajouterai qu'elle sera très-jalouse de vos sentiments. Elle voudra être votre unique amie, je vous en préviens.

CONSTANCE.

Quand je serai près de la princesse, je ferai mon possible pour lui plaire et pour me conformer à ses volontés.

PRINCESSE AMÉLIE.

Il ne s'agit pas de cela : ma fille ne veut pas que vous voyiez en elle une supérieure. Tout sera égal entre vous. C'est votre cœur qu'il lui faut, pouvez-vous le lui donner?

CONSTANCE, (à Mᵐᵉ de Montfort).

Madame, vous qui connaissez toutes mes pensées, répondez pour moi, je vous prie.

PRINCESSE AMÉLIE.

Je crois que vous aimiez une nommée Rose Belmont : si c'est cela qui vous embarrasse, ne vous en inquiétez pas : je ne vous demanderai à son égard que de n'avoir plus de relations avec elle et de la bannir de votre souvenir.

CONSTANCE.

Je puis obéir à la première condition; mais remplir la seconde n'est pas en mon pouvoir.

PRINCESSE AMÉLIE.

C'est donc un attachement bien profond que vous avez pour cette jeune personne? Cela devient embarrassant; car, dès qu'Albertine paraît, Rose doit céder la place; ou plutôt on doit oublier qu'il y ait une Rose Belmont dans le monde. Il faut me promettre cela, Constance.

CONSTANCE.

Jamais! jamais! Si l'on exige que je renonce à Rose, je me soumettrai, je ne lui écrirai plus. *(Elle sanglote.)* Mais sa douce et brillante image vivra toujours dans mon cœur.

PRINCESSE AMÉLIE.

Mˡˡᵉ Belmont est bien heureuse d'inspirer de pareils sentiments! Mais il faut s'arrêter à quelque chose : que dira ma jalouse Albertine quand vous irez ainsi lui vanter votre amie?

CONSTANCE.

Je saurai me taire près de la princesse; si j'ai parlé

maintenant, c'est pour répondre à ce qu'on m'a demandé. Je supplie Votre Altesse de croire que mon attachement pour Rose ne ferme pas mon cœur aux nouvelles affections que m'inspire déjà la reconnaissance.

PRINCESSE AMÉLIE.

Je suis parfaitement satisfaite; aussi je ne vous demande plus qu'une chose, c'est que, pour éviter à jamais toute discussion entre Albertine et vous sur un sujet si délicat, vous renvoyiez à Mlle Belmont les petits souvenirs que vous pouvez avoir reçus d'elle.

CONSTANCE (*elle pâlit*).

Oh! ma mère ! — vous avez bien voulu me permettre de vous donner ce nom, — et, en l'absence de mon bien-aimé père, soyez mon conseil et mon juge : en m'offrant cette bague, seul gage que je possède de son affection, Rose me dit que son excellente grand'mère la lui avait donnée en lui enjoignant de ne s'en dessaisir qu'en faveur d'une amie véritable. Je me suis trouvée heureuse et fière de son choix; j'ai promis d'en conserver la preuve ; si j'étais capable de la lui renvoyer, m'approuveriez-vous, bonne mère?

Mme DE MONFORT.

Non, mon enfant, je ne vous approuverais pas, et j'ai la conviction que M. votre père, si bon juge en fait d'honneur, ne vous approuverait pas davantage.

CONSTANCE.

Oh! merci, Madame. Jolie petite bague, je ne vous quitterai jamais !

PRINCESSE AMÉLIE.

Est-ce votre dernier mot, Constance?

CONSTANCE.

Oh! Madame, j'en demande bien pardon à Votre Altesse ; mais, surtout quand j'ai l'approbation de ma seconde mère, mon premier mot ne peut être que le dernier.

PRINCESSE AMÉLIE.

Il est inutile, dès lors, de torturer plus longtemps cette enfant. Puisqu'elle aime tant sa Rose, je suis d'avis de la lui donner, Albertine en prendra son parti.

SCÈNE 17e.

LES MÊMES, ROSE.

(*Aux derniers mots de la princesse, une jeune fille, palpi-*

tante de joie, quoique toute en larmes, s'élance sur le théâtre et vient confondre dans ses embrassements Mme de Montfort et Constance.)

CONSTANCE.

Rose, ma chère Rose ! est-il bien vrai que je te revois ?

PRINCESSE AMÉLIE.

Non, vous ne la voyez pas : c'est une illusion, un mensonge ; car, celle que vous embrassez est ma chère Albertine. Mlle Belmont n'existe plus, et vous serez obligée, pauvre Constance, en dépit de votre fidélité, d'oublier Rose pour Albertine.

(Pressée tour à tour dans les bras de la princesse Amélie, qui l'appelle sa seconde fille, dans ceux de Mme de Montfort qui l'appelle l'honneur de sa maison, Constance est à moitié folle de joie.)

CONSTANCE.

Ainsi, tu es la princesse ! Mais, mon Dieu, comment cela se fait-il donc ?

PRINCESSE AMÉLIE.

Je vous dois une explication à ce sujet : ma fille nous demandait, à son père et à moi, une amie. Nous avons voulu que, sous un nom emprunté, elle pût la discerner elle-même. Pendant son séjour ici, elle éprouvait les autres ; mais elle était aussi fortement éprouvée à son tour. Je la savais sincère jusqu'à l'excès ; aussi mon cœur de mère souffrait-il chaque jour à l'idée d'avoir une indiscrétion à lui reprocher. Mais non, elle a eu assez de force d'âme pour taire son secret au milieu des petits déboires inhérents à sa position, pour le garder même envers son amie ; et sans l'affaire du buste où nous avons fait un peu la princesse, nous aurions été irréprochable. En somme, je suis contente. Quant à vous, chère Constance, on m'avait tant vanté votre douceur, que je tremblais de voir cette belle qualité dégénérer en faiblesse. J'ai donc voulu vous éprouver, et, comme Mme de Monfort l'avait prédit, vous êtes sortie victorieuse du combat. Maintenant, mes enfants, prenez congé de votre vénérée supérieure, et hâtons-nous de répondre à l'attente empressée de vos pères qui ont soif de vous presser sur leur cœur.

ROSE OU PRINCESSE ALBERTINE.

Oh ! ma bonne mère, permettez que nous revoyions nos compagnes. *(Sur un signe de Mme la supérieure, Mlle Angèle sort.)* Ce ne sera pas long.

PRINCESSE AMÉLIE.

Je comprends, mes enfants, qu'il serait cruel de vous priver de cette consolation; mais abrégez le plus possible, je vous prie.

(Elle sort; les autres l'accompagnent. Pendant qu'elles sortent d'un côté du théâtre, entre d'un autre côté toute la grand'classe: Camille, Georgette, Aglaé, Joséphine, Nély, etc., et Lucie qui boude dans un coin.)

SCÈNE 18me.

CELLES QUI VIENNENT D'ÊTRE INDIQUÉES.

CAMILLE.

A moi les partisans de Rose! Pourquoi ne pas vous rallier à nous, Mesdemoiselles? *(Aux partisans de la princesse.)* N'y a-t-il pas plus de noblesse et de grandeur à aimer les gens pour eux-mêmes que pour leurs dignités? Croyez-vous que la princesse se soucie beaucoup de ses partisans? *(Plusieurs passent du côté de Camille.)* Recevez-les, recevez-les, ce sont des brebis égarées qui reviennent au bercail. Venez toutes, chères amies, venez grossir nos rangs; vous y trouverez la gloire d'aimer la vertu sans aucune vue d'intérêt. Vous vous sentirez heureuses quand un sourire de l'aimable Rose vous paraîtra plus doux que tous les bonbons de la princesse! *(Toutes passent du côté de Camille. Toutes:* Vive Rose! vive Rose! *Dans ce moment, Rose, ou plutôt Albertine et Constance paraissent sur le théâtre. Les cris redoublent:* Vive Rose!)

SCÈNE 19me.

LES MÊMES, PRINCESSE ALBERTINE, CONSTANCE.

CONSTANCE.

Et les partisans de la princesse, où sont-ils donc?

CAMILLE.

Tu sauras, ma chère, qu'ils se sont fondus à ma voix comme la neige au soleil.

GEORGETTE.

Oui, nous sommes toutes pour Rose à présent, et nous envoyons paître la princesse avec ses courtisans.

PRINCESSE ALBERTINE *(riant de tout son cœur).*

Merci, mes bonnes amies, je suis bien reconnaissante de votre amitié pour moi. Mais, où est donc Mlle Angèle?

JOSÉPHINE.

Elle va venir dans un instant.

PRINCESSE ALBERTINE.

Nous l'attendrons. (*A Lucie, qui paraît furieuse.*) Eh
bien! Lucie, est-ce que tu es fâchée que je sois venue?
Vois comme je suis accueillie. Georgette elle-même me
témoigne de l'amitié. Qu'as-tu donc?

LUCIE.

Si Mᴸˡᵉ Dufour fait des bêtises comme à son ordinaire,
je ne me crois pas tenue de l'imiter.

PRINCESSE ALBERTINE.

Ainsi, tu es fâchée de la joie que nos compagnes
éprouvent à me revoir?

LUCIE.

Mᴸˡᵉ Belmont, le jour de votre grande colère contre
nous qui rendions hommage au buste de la princesse, vous
eûtes l'air de nous traiter d'imbéciles à cette occasion;
il me semble que j'en puis dire autant de ces Demoiselles
aujourd'hui.

CONSTANCE.

Avec la différence que mon amie avait le droit de
trouver ridicules les folies qu'on faisait pour son image,
tandis que l'amour qu'on témoigne à la princesse Albertine, cachée sous le nom de Rose, lui est bien légitimement dû. (*Lucie ouvre de grands yeux et ne comprend pas
encore.*)

SCÈNE 20ᵐᵉ.
LES MÊMES, Mᴸˡᵉ ANGÈLE.

PRINCESSE ALBERTINE.

Oh! ma bonne, ma chère demoiselle Angèle! (*Elle
l'embrasse.*)

Mᴸˡᵉ ANGÈLE.

Chère et aimable princesse, vous ne m'en voulez donc
pas de vous avoir mise en pénitence?

PRINCESSE ALBERTINE.

Non, non, je le méritais trop bien; je vous en remercie,
au contraire, et je vous aimerai toujours. (*Chuchotements
dans la classe :* Princesse!... Albertine!...)

Mᴸˡᵉ ANGÈLE.

Oui, Mesdemoiselles, celle qui, sous le nom de Rose, a
partagé quelque temps vos études et vos jeux, est la
princesse Albertine elle-même qui subissait une épreuve
et en faisait subir aux autres, comme vous voyez. (*A ces*

*mots, Lucie pousse un cri de désespoir et s'enfuit. M*lle *Angèle continue.)* Notre mère seule connaissait ce grand secret. Elle ne me l'a révélé qu'au moment où la princesse nous était enlevée. Vous devez vous rappeler cet instant, Camille, vous étiez présente ? *(Camille, embarrassée, hésite a répondre.)*

PRINCESSE ALBERTINE.

Eh bien, Camille, en perdant le nom de Rose, ai-je aussi perdu votre amitié ?

CAMILLE.

Oh ! non, je vous aime bien davantage, non parce que vous êtes princesse, mais par l'admiration que m'inspirent la bonté et la patience dont vous avez fait preuve envers celles qui vous traitaient avec si peu de ménagements. Mais cette trompeuse qui a si bien joué son rôle le jour de notre visite au château, qui était-ce donc ?

PRINCESSE ALBERTINE.

C'est une princesse de bon aloi, ma cousine germaine. Elle était venue quelque temps au château pour voir notre grand'mère. Elle porte le même nom de baptême que moi, ainsi il n'y a pas eu de mensonge. C'est à la prière de mon espiègle cousine elle-même qu'on profita de sa présence pour faire subir aux concurrentes une épreuve de plus.

CAMILLE.

Ah ! comme nous nous sommes laissées prendre et que nous étions aveugles ! Constance seule, la fleur de la pension, a été clairvoyante.

Mlle ANGÈLE.

Oui, parce que les belles âmes se rencontrent, quels que soient les dehors qui les couvrent.

GEORGETTE.

Et moi donc, n'avais-je pas aussi deviné Rose quand je l'appelais toujours l'*Illustre* ? Vous savez bien, Mesdemoiselles ! *(Rire général qui ne cesse qu'à l'arrivée de M*me *de Monfort.)*

SCÈNE 21me *et dernière.*

LES MÊMES, Mme DE MONFORT.

Mme DE MONFORT.

Malgré la joie de vos compagnes et la vôtre, Mesdemoiselles, il est temps de satisfaire la légitime impatience de vos pères qui sont venus au-devant de vous, et qui vous attendent au parloir. Et vous, mes enfants, cette leçon vous sera-t-elle utile? Aurez-vous appris à ne point juger sur les apparences? à être bonnes et aimables envers tout le monde? à ne point vous diviser en ridicules factions?

TOUTES.

Oui, oui, Madame.

Mme DE MONFORT.

Ce n'est pas encore là, toutefois, toute la moralité de l'histoire dont votre classe a fourni le sujet; je la trouve résumée dans cette parole de l'Ecriture : « Le Seigneur a en abomination les lèvres menteuses, mais ceux qui agissent sincèrement lui sont agréables. » (*Prov.* 12.)

FIN DU 5me ET DERNIER ACTE.

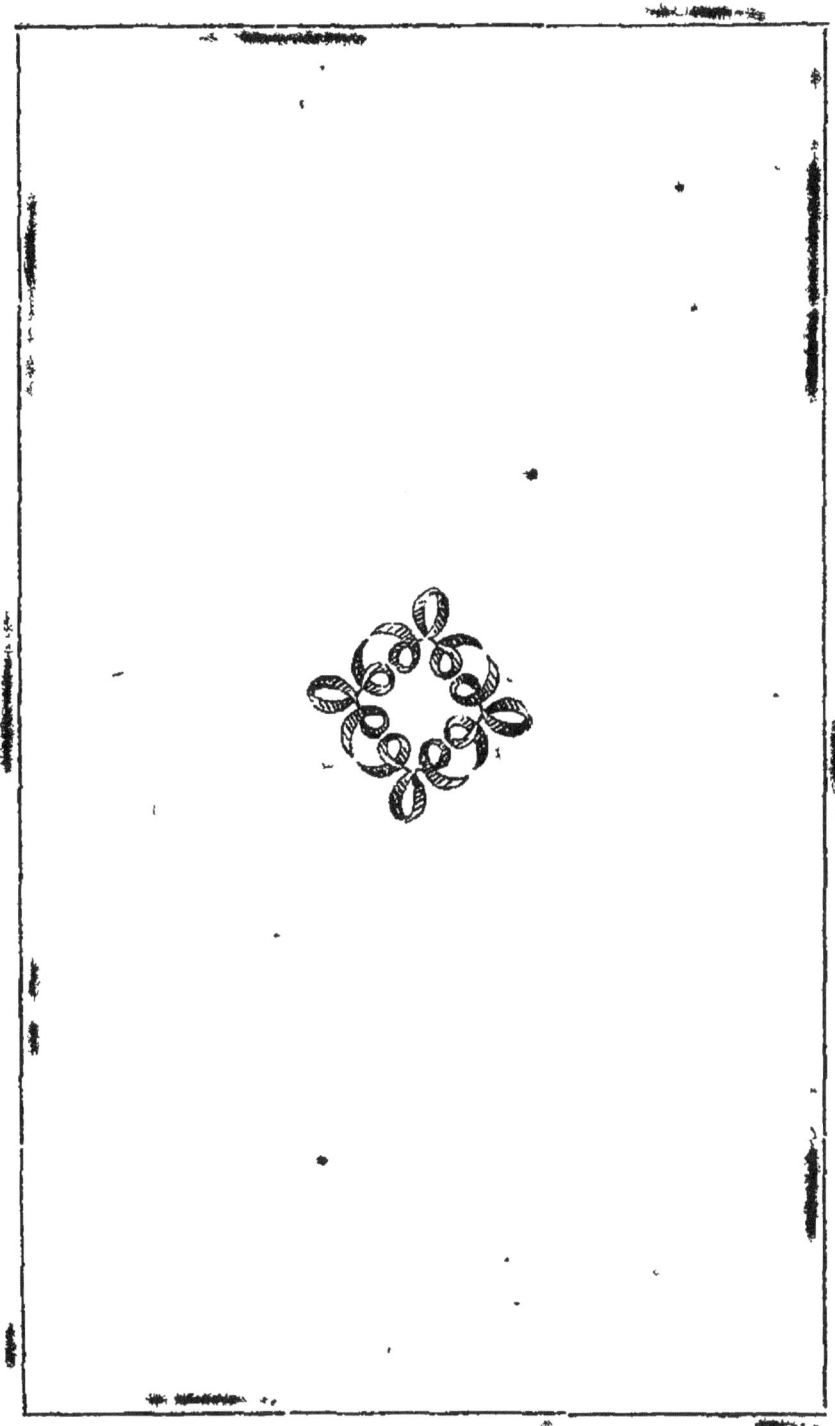

www.ingramcontent.com/pod-product-compliance
Lightning Source LLC
Chambersburg PA
CBHW070956240526
45469CB00016B/1442